구름은 대답하지 않았다

KUMO WA KOTAENAKATTA
Copyright © 2014 by Hirokazu KOREEDA
Korean Translation Copyright © 2022 by Checkpoint Charlie
All rights reserved.

First original Japanese edition published
by PHP Institute, Inc., Japan.
Korean translation rights arranged with
PHP Institute, Inc. through Shinwon Agency Co.

이 책의 한국어판 출판권은 신원에이전시를 통해 저작권자와 독점 계약한
체크포인트 찰리에 있습니다. 저작권법에 따라 한국 내에서 보호받는
저작물이므로 무단 전재와 복제를 금합니다.

구름은 대답하지 않았다

고레에다 히로카즈

송태욱 옮김

체크포인트 찰리

일러두기

- 이 책은 1992년 12월 아케비쇼보에서 출간한 『그러나…
  어느 복지 고급 관료, 죽음의 궤적(しかし… ある福祉高級官僚死への軌跡)』을
  개제하여 2001년 6월 일본경제신문사에서 출간한 『관료는 왜 죽음을
  택했는가(官僚はなぜ死を選んだのか)』를 가필·수정한 책을 바탕으로
  2014년 3월에 발행한 PHP 문고판 『구름은 대답하지 않았다
  (雲は答えなかった)』를 번역출판한 것이다.
- 이 책의 8쪽에 실린 '출간에 즈음하여'는 2014년 문고판에 대한 글이며,
  264쪽 '단행본 후기'는 1992년 첫 단행본, 272쪽 '문고판 후기'는
  2001년 첫 문고판에 대한 글이다.
- 원문에서 방점으로 강조한 부분은 굵게 표시했다.
- 본문 하단의 각주 일부는 내용의 이해를 돕기 위해 옮긴이가 작성했으며,
  출처의 경우 원문 그대로 옮겼다.
- 주인공 야마노우치 도요노리가 직접 작성한 글은 다른 글자체로 구분했다.

이 저작은 저의 원점입니다.
스스로 기획한 첫 다큐멘터리이고
처음으로 이십 대에 쓴 책이었습니다.
이 작품이 없었다면
지금의 저는 존재할 수 없을 겁니다.
그런 책을 한국의 독자 여러분께서
읽어주시는 걸 정말 기쁘게 생각합니다.
영화든 책이든
읽는 방법, 보는 방법, 받아들이는 방법은
만든 사람이 정하는 것이 아니라
받아들이는 사람이 각자의 접근 방식으로
발견해가는 것이기 때문에
손에 들어주신 것만으로도 감사하다는
인사를 전합니다.

2022년 가을
고레에다 히로카즈

차례

출간에 즈음하여		8
서장	유서	16
1장	기억	26
2장	구제	54
3장	전화	68
4장	뒷모습	76
5장	대가	110
6장	오산	132
7장	식탁	164
8장	부재	168
9장	귀가	188
10장	결론	212
11장	망각	218
종장	재회	252
야마노우치 도요노리 연보		264
단행본 후기		268
문고판 후기		272

출간에 즈음하여

영화든 소설이든 그 작가의 모든 것이 첫 작품에 담겨 있다는 이야기를 흔히 듣는다. 만약 그 말이 옳다면 내게 그 작품은 영화 데뷔작이 아니라 분명히 이 책 『구름은 대답하지 않았다』이다. 이 논픽션은 1991년 3월 12일 심야에 후지텔레비전에서 방송된 NONFIX〈그러나… 복지를 버리는 시대로〉しかし… 福祉切り捨ての時代に라는 다큐멘터리 프로그램을 기초로, 방송 후 다시 취재를 거듭하여 쓴 것이다.

자신이 가져온 기획을, 게다가 처음으로 디렉터로서 취재하여 60분이라는 긴 프로그램으로 만들어 방송에 내보내기까지는 갖가지 고난이 있었다. 무엇보다 이런 '사회파' 소재 자체를 취재한 경험도 없고, 저널리즘에 대해 대학에서 전문적으로 배운 적도 없는 신출내기 제작자였던 나는 당시 취재라는 것을 아마 전혀 이해하지 못하고 있었을 것이다.

쓴 지 20년도 더 된 글을 이번에 다시 읽어보고 생각난 것이 있다. 이 논픽션의 중심인물인 야마노우치 도요노리山內豊德라는 엘리트 관료의 자살을 둘러싸고 당시 미나마타병 소송 상황을 취재하고 싶었던 나는 환경청의 홍보부를 찾아가 취재하고 싶다는 뜻을 전하며 기획서를 건넸다. 창구에서 대응해준 담당자는 뜻밖에도 붙임성이 좋은 사람이었다. 그러나 며칠 후 확인 전화를 했을 때 그가 보여준 태도는 그때와 아주 딴판이었다.

"취재는 거절하겠습니다."

왜죠 하고 되물은 내게 그는 이렇게 말하고 전화를 끊었다.

"당신은 방송국 분이 아니잖습니까? 당신처럼 하청을 받은 사람의 취재에 응할 의무는 우리한테 없으니까요."

방송국 보도국원도 거듭 전화를 했으나 "프로덕션 사람이 일을 멋대로 하게 해서는 곤란합니다"라고 못 박았다.

환경청 관리가 '하청'이라는 말에 의도적으로 모멸감을 담은 것이 수화기 너머로도 분명히 느껴졌다. 지금 생각하면 오히려 뱰이 꼴리는 강한 분노가 치밀어 오르지만 당시의 나는 분노와는 전혀 다른 감정으로 수화기를 내려놓았다.

'그렇구나······. 난 저널리스트가 아니구나.'

기자클럽에 속하여 국민의 '알 권리'를 방패로 내세우며 취재를 하는 집단에서 능력이 아니라 입장이나 소속으로 사전에 배제된다면 대체 나는 무엇을 근거로 취재 대상에게 카메라와 마이크를 들이댈 수 있는 것일까. 청춘기 고민 같은 자신의 존재 의의에 근본적인 자문자답을 하며 나는 그 후의 취재를 진행해나갔다. 참으로 한심한 출발이었다. 하지만 그 물음에 대한 답은 생각지도 못한 취재 대상에게서 받았다.

이미 이 세상에 존재하지 않는 야마노우치 도요노리라는 한 인간을 취재하는 과정에서 나는 꼭 그의 부인과 인터뷰를 하고 싶었다. 물론 남편을 잃은 슬픈 심정을 말해달라고 카메라와 마이크를 들이댈 생각을 한 건 아니다. 복지 행정에 대한 야마노우치의 진지한 노력과 좌절을, 그의 가장 가까운 곳에 있었던 아내의 시선으로 말해주기를 바랐던 것이다.

마치다町田의 자택으로 찾아가 현관 옆 다다미방으로 안내

받은 나는 취재의 취지 같은 것들을 자신 없이 더듬더듬 이야기했다.

'이래서는 거절당해도 어쩔 수가 없겠구나……'

이야기를 하면서도 스스로 반쯤 포기한 듯한 그런 한심한 상황이었다고 기억한다. 그런데도 부인의 입에서 나온 말은 내 예상과 달랐다.

"저한테는 남편의 죽음이 전적으로 개인적인 일이지만, 그의 입장을 생각하면 그 죽음에는 공공적인 의미도 있을 거라고 생각해요. 그걸 생각하면 복지에 쏟은 남편의 노력을 제가 말해주기를 남편도 바랄 것 같아요."

그녀는 바로 앞에 시선을 떨어뜨린 채, 그래도 단호한 의지로 나의 취재를 받아들여 주었다. 그것이 모든 일의 시작이었다.

그때 그녀가 입에 담아 내게 취재할 근거로 제시해준 '공공'이라는 말을, 그로부터 20년 넘게 지난 지금도 계속해서 생각하고 있다. 방송국 밖에서 프로그램 제작에 관계한다는 것. 이는 공공의 의미를 찾아내는 계기가 된 취재이자 만남이었다.

사람은 혼자서 살아갈 수 없는 이상, 그 삶의 일부는 항상 '공공'적인 것이고 개인은 그 '공공'에 열린 채 존재한다. 방송이라는 미디어와 취재라는 행위는 바로 그 공공, 장소나 시간 안에서 개인이 타자와 만나고 때로는 충돌을 되풀이하며 성숙해가기 위해 존재한다.

거기서 '권리'나 '의무'라는, 어떤 의미에서는 답답하고 일방통행 같은 말을 쓸 필요가 없다. '방송'에 한정하여 말하자면 거기에 관계한다는 것은 만드는 사람도, 방송하는 사람도, 출연하는 사람도, 스폰서는 돈을 냄으로써, 시청자는 보는 행위를 통해 속마음은 모를지라도 아무튼 타자와 만나는 장으로서 '공공영역'을 성숙하게 하여 다양한 가치관과 삶의 모습을 서로에게 허락하는 그런 사회를 실현하는 일에 참여한다. 그 결과로 뭔가가 팔린다. 그 반대가 아니다.

물론 스물여덟 살인 내가 거기까지 생각한 상태에서 프로그램을 방송한 것은 아니다. 그러나 프로그램도, 그 후에 취재를 거듭하여 출판한 이 논픽션도 가능한 한 '사회성'이라는 것을 의식하고 엘리트 관료의 자살을 선정적으로 다루는 일은 피하고 싶다는 의식이 작용했음은 틀림없다.

그럼에도 말해야 할까, 이제 곧 야마노우치가 자살한 쉰세 살을 바라보는 지금, 다시 이 저작을 읽어보고 가장 선명하게 떠오르는 묘사는 '공공'에 열린 복지를 둘러싼 부분이 아니라 부부의 모습이라는, 전적으로 개인적인 일에 속하는 부분이라는 사실을 깨닫고 깜짝 놀랐다. 이 부부 한 쌍이 어떻게 만나고 함께 걸으며 고뇌하고 헤어지고 다시 재회했는가. 방송 후에 취재를 거듭함으로써 당시의 내가 생생하게 봤던 남겨진 부인의 애도 작업. 아마도 그 애도 작업의 일환으로써 그녀의 말로 이야기되고 그것을 받아 적은 듯이 재현된 부부의 모습. 그것이야말로 이 작품의 핵심일 것이다(미리 말해두자면 이는 내가 쓴 것이 아니다. 그녀 안에 있던 말에 귀를 기울이고 손을 움직인 것에 지나지 않는다. 이건 겸손이 아니다. 진실이다). 이런 뜻밖의 사태를 논픽션으로 어떻게 평가할지는 의견이 나뉠지도 모르겠지만, 틀림없이 그 묘사가 좋든 싫든 이 저작을 사회파 논픽션이라는 틀에서 벗어나게 해주는 이유일 것이다.

주제나 메시지라는 말로 작품을 말하거나 말해지는 것을 좋아하지 않는다. 왜냐하면 그런 것으로 회수되는 작품은 인간 그 자체의 묘사가 약하기 때문일 수밖에 없다고, 영화를 만들며 늘 생각하고 있기 때문이다. 이야기나 주제를 위해 인간이 존재하는 것은 아니다. 그것은 우리의 삶이 그렇듯 삶은 그저 삶으로서 거기에 아무렇게나 굴러다니고 있다. 그런 인간을 영화 안에서 그리고 싶어지는 것은, 어쩌면 이 첫 번째 책인 논픽션에서 만난 부부 한 쌍이 무의식 중에 그렇게 만든 것일지도 모른다. 그렇게 생각했다. 역시 데뷔작에는 모든 것이 담겨 있는 것이다.

『구름은 대답하지 않았다』는 1992년 『그러나… 어느 복지 고급 관료, 죽음의 궤적』しかし… ある福祉高級官僚 死の軌跡이라는 제목으로, 그리고 다시 2001년 『관료는 왜 죽음을 택했는가, 이상과 현실 사이에서』官僚はなぜ死を選んだのか 理想主義者と現実の間で라는 제목으로 변경하여 출판한 나의 첫 저작이다.

이십 대 무렵에 쓴 논픽션이 22년이 지나 세 번째로 출판된다는 것은 저자에게 좀처럼 없는 행복한 일이다.

그것을 실현할 계기를 만들어준, 편집을 맡은 호리 가오루堀香織 씨와 출판하기로 결정해준 PHP연구소의 네모토 기요시根本騎兄 씨에게 이 자리를 빌려 고맙다는 말을 전하고 싶다. 정말 감사하다. 그들의 열의에 힘입었다. 이 작품이 한 사람이라도 많은 독자에게 가닿기를 바란다.

2014년 1월 15일
고레에다 히로카즈

서장

유서

1990년 12월 5일 오전 8시 30분. 환경청 장관 기타가와 이시마쓰北川石松를 태운 일본항공 393편은 하네다를 이륙해서 가고시마 공항을 향했다. 기타가와를 포함한 환경청 관계자 일행의 행선지는 구마모토현 미나마타시였다. 기타가와는 환경청 장관으로서는 다섯 번째로 11년 만에 미나마타병 현지 시찰 방문을 하려던 중이었다.

1990년 9월 28일, 미나마타병에 대한 국가와 기업의 책임을 묻는 재판에서 도쿄지방법원은 화해 권고를 냈다. 피고인 구마모토현과 가해자 기업인 짓소가 화해 권고를 받아들이겠다는 태도를 보인 데 반해 국가는 그 권고를 완강하게 거부했다. 환자와 매스컴의 비난은 재판의 국가 측 책임자인 환경청에 집중되었다. 기타가와의 미나마타 시찰은 그런 재판의 경과와 여론을 반영하는 형태로 갑작스럽게 결정된 것이었다.

기타가와를 비롯한 열아홉 명의 시찰단은 공항에서 가고시마현 지사, 구마모토현 환경공해부장 등의 영접을 받은 후 자동차를 이용하여 구마모토로 이동했다. 정오에 미나마타만 매립지를 견학하고, 오후 1시 35분에는 미나마타병 환자가 생활하고 있는 메이스이엔明水園을 방문했다. 오후 3시에는 기타가와가 직접 환자 대표의 진정을 듣고 기자회견을 했다. 저녁 7시에는 호소카와 모리히로細川護熙 구마모토현 지사와의 간담회를 개최하는 등 분주한 일정을 소화했다.

12월 5일 오전 10시. 시찰단을 태운 비행기가 가고시마 공항에 착륙하려던 바로 그 무렵, 도쿄 마치다시 야쿠시다이藥師台에서 환경청의 한 관료가 스스로 목숨을 끊었다. 야마노우치 도요노리, 53세. 미나마타병 재판의 국가 측 책임자로서 화해를 거부한다는 뜻을 계속해서 표명하던 기획 조정국의 국장이었다.

야마노우치는 2층의 자기 방에서 천장 들보에 전기 코드를 걸고 목을 맸다. 전날까지 장관의 미나마타 시찰에 동행할 예정이었다. 하지만 12월 4일 정오가 지나 본인이 관청으로 전화를 걸어 "피곤해서 잠시 쉬고 싶다"는 연락을 해왔다. 야스하라 다다시安原正 사무차관과 모리 히토미森仁美 관방장이 의논한 결과 야마노우치의 동행을 취소하고 자택에서 요양하기로 했던 모양이다.

최초 발견자는 도모코知子 부인, 48세. 발견 시각은 오후 2시. 사망 추정 시각 이후 네 시간이 지나 있었다.

국장이 자살했다는 소식을 들은 기타가와는 구마모토에서 열린 기자회견 석상에서 다음과 같이 말했다.

"믿을 수 없는 심정입니다. 고인의 명복을 빕니다. 미나마타병을 비롯한 여러 가지 환경 문제로 마음의 상처를 받고 있었던 모양입니다."

사무차관 야스하라는 환경청에서 열린 긴급 기자회견 석상에서 이렇게 말했다.

"지쳐 있다고는 생각했습니다. 여러 가지로 어려운 문제를 처리하고 있었지만 (동기에 대해서는) 짐작 가는 일은 없습니다."

기획조정국장은 환경청 안에서 사무차관에 이어 청 내에서 이인자에 해당하는 직위다. 1990년 7월 10일 그 자리에 취임한 이래 나가라강 하구언 문제, 이시가키섬 신공항 건설 문제 등 환경청이 안고 있는 다양한 문제를 해결하기 위해 각 성청 간의 조정이나 사전 교섭, 정치가나 장관과의 절충을 시도하고 환경청을 대표하여 매스컴에 대응하는 것이 야마노우치의 역할이었다.

미나마타병을 둘러싸고 도쿄지방법원에서 화해 권고를 내린 9월 28일 이후 수석 국장인 야마노우치는 화해 거부 입장을 표명하는 국가 측 책임자로서 환자와 매스컴의 비판을 집중적으로 받는 입장에 서게 되었다. 10월 들어 구마모토, 후쿠오카 등의 법원에서 차례로 내린 화해 권고에 대한 대응과 갑자기 결정된 기타가와 장관의 미나마타 시찰 준비에 쫓겨 집에 들어가지도 못하고 도쿄 시내 비즈니스호텔에 숙박하거나 국장실 소파에서 선잠을 자는 나날이 이어졌다.

차기 사무차관 후보로 거론되던 엘리트 관료의 자살을, 다음 날인 12월 6일자 신문에서 사회면 톱으로 다루고 그 원인을 다음과 같이 언급했다.

'미나마타 행정'의 딜레마
구제책을 둘러싸고 **정신적인 피로**가 겹치다
화해 거부에 대한 비판의 중압으로
《아사히신문》

청 내 조정으로 어려운 입장?
《요미우리신문》

화해 권고 대응으로 정신적인 피로?
항상 정면으로 비판을 받는 입장에
《일본경제신문》

혼자 여론의 비판을 받는 입장에
화해 거부에 대한 비판 집중
정신적인 피로 겹쳐 '죽음'을 선택하다
《산케이신문》

관계자는 직무의 피로에서 발작적으로
자살을 시도한 것이 아닐까 보고 있다.
《마이니치신문》

환경청 관계자와 매스컴 사이에서는 과로와 정신적 피로가 겹친 끝에 발작적으로 자살했다는 견해가 지배적이었다.

유서는 남겼을까?

《마이니치신문》은 "명함 뒤에 '가족에게 감사한다'는 말이 갈겨져 있었다"고 보도했다. 유서에 대한 보도는 다른 신문도 대충 비슷했다.

> 책상 위에 놓인 명함 뒤에 '신세 많았습니다' 등의
> 말이 쓰여 있었다.
> 《아사히신문》

> 명함 뒤에 가족 앞으로 갈겨쓴 글이 있었고
> '신세 많았습니다' 등의 말이 쓰여 있었다.
> 《일본경제신문》

12월 8일. 나카노구中野区의 호센지宝仙寺에서 관계자 1,200명이 참석한 가운데 영결식이 치러졌다. 영결식에서는 고등학교 시절의 동창생이 야마노우치가 지은 시 한 편을 인용하며 조사를 낭독했다.

먼 창

먼 창
내 마음에 있는 먼 창
언젠가는
이 창으로 밖을
바라보려고 한다
언젠가는
하면, 쓸쓸한 말이지만
아, 먼 창

야마노우치, 자네는 고등학교 시절에 지은 이 시를
사랑해서 도모코 씨에게 읽어주었다고 하지 않았나.
먼 창이라는 것은 젊었을 때 자네 마음에 깃들어 있던
동경이었겠지. 자네는 정녕 죽기 전에 먼 창에 도달했나.
그 창으로 밖은 바라보았나. 난 그러지 못했을 거라고
생각하네. 창밖에 있었을 평온, 신뢰, 그런 것을
발견하기 전에 가버린 것만 같으니. 야마노우치, 자네는
고급 관료로서 사람들이 부러워하는 출세와 영달의
길을 걸었네. 하지만 관료인 동시에 순수한 한 사람의
인간이려고 했지. 그것은 자네의 인생을 무척 험한
것으로 만들었다고 생각하네.[1]

사실 환경청이 그 존재를 감추기 위해 사건 직후에는 전혀 보도하지 않았지만 야마노우치는 가족에게 남긴 유서 외에 또 한 장의 유서를 남겼다.

    야스하라 차관   뭐라고도 사죄의 말을
                          할 수 없기에
    모리 관방장   여러분께도 엄청난
                          폐를 끼치고

해외 출장을 갈 때 사용하는 명함 뒤에 검은색 볼펜으로 갈겨썼다는 이 유서는 가족에게 남긴 것과 나란히 2층 자기 방 책상 위에 놓여 있었다.

  야마노우치는 1959년에 후생성에 들어갔다. 그 이후 일관되게 복지 현장에서 일했다. 1966년에는 후생성 공해과에 소속되어 당시 사회적으로 큰 문제가 되었던 공해 행정의 바이블이라고도 할 만한 공해대책기본법 제정에 진력했다. 그 후 사이타마현의 복지 과장으로서 파견 근무를 떠났다. 그리고 다시 후생성으로 돌아온 후에도 장애복지 과장, 사회국 보호과장 등을 역임했다. 후생성 시절에는 복지에 대한 자신의 고찰을 정리한 저서를 출판하는 등 복지 행정 전문가로서 유명한 인물이었다. 1986년 환경청으로 간 다음에는 오키나와

---

1 《環境公害新聞》, 1990년 12월 12일.

현 이시가키섬 시라호 신공항 건설, 나가라강 하구언 건설, 지구온난화 등 개발이냐 지역 주민의 생활이냐 하는 난감한 문제에 주력했다.

복지, 환경 행정은 기업이나 경제계를 대변하는 통상산업성 등으로부터 항상 강한 압력을 받는 것이 숙명처럼 여겨지곤 했다. 이번 미나마타 소송 문제처럼 며칠이고 퇴근하지 못하고 성청과의 절충에 분주한 일은 야마노우치에게 일상다반사였다. 그는 그 어려운 역할을 30년 넘게 해온 베테랑 관료였다.

야마노우치의 죽음은 발작적인 자살이 아니었던 게 아닐까. 또 한 장의 유서에 적힌 '사죄'와 '폐'란 무엇을 의미하는 걸까. 야마노우치는 왜 53년 인생의 마지막에 상사에게 사죄의 말을 써야만 했을까. 순수한 한 사람의 인간이려고 했을 때 그 사람의 인생을 험한 것으로 만들어버리는 '관료'란 어떤 직업일까.

이러한 의문에 대한 답은 '관료'인 것에 철저할 수밖에 없었던 야마노우치 도요노리라는 한 인간의 53년 안에 숨겨져 있다. 그리고 그 답을 찾는 일은, 지금이라는 시대에 복지가 어떻게 존재할 수 있는가, 존재할 수 없는가 하는 의문을 던지는 일과 근본적으로 통하고 있다.

1장

기억

야마노우치 도요노리와 아내 도모코는 1968년에 결혼하여 두 딸이 있었다. 단기대학을 졸업하여 1990년부터 직장 생활을 시작한 장녀 지카코知香子와 고등학교 3학년으로 이듬해 봄 대학 입시를 앞둔 차녀 미카코美香子다.

자택은 도쿄 마치다시 다마 구릉의 신흥 주택지 야쿠시다이에 있었다. 오다큐선 마치다역에서 버스로 15분 이동해 야쿠시다이 버스정류장에서 내려 도보로 4, 5분 거리에 있는 2층 목조 단독주택이다.

가족 네 명이 세타가야世田谷의 공무원 주택에서 마치다로 이사한 때가 3년 전인 1987년 3월이다. 새집에서 환경청이 있는 가스미가세키霞が関까지는 왕복 세 시간이 넘게 걸린다. 그저 일에만 매달려 살아온 야마노우치가 통근하기 불편한 그곳을 마지막 정착할 집으로 선택한 데는 이유가 있었던 모양이다.

1989년 6월 12일, 당시 환경청 자연보호국장 자리에 있던 야마노우치는 《더 케미컬》이라는 업계지에 「잊혀가는 흙에 대한 친밀감」이라는 제목의 에세이 한 편을 실었다. 거기서 마치다의 자기 집에 대해 다음과 같이 말했다.

> 도쿄에서 살게 되고 나서 '흙'이나 농작물의 세계는
> 내 생활에서 급속도로 멀어지고 말았다. 학창 시절에는
> 물론이고 직장 생활을 하게 되고 나서도 흙에 관심을
> 가질 만한 마음은 전혀 없었고, 주거 조건에서도

밭이나 마당에서 흙과 친숙하게 지낼 만한 환경을
갖추지 못한 채 살아왔다.
그런 도회 생활을 해온 30여 년간 '흙'과 접촉하지
못한 공백이 실은 지금의 집을 갖게 되면서 조금은
채워지게 되었다. 마치다에 살게 된 지 3년째가
되지만 출근과 퇴근 각각 두 시간에 가까운 혼잡한
통근에 아직 완전히 익숙해졌다고 할 수는 없다.
그러나 역에서 잠깐 버스를 기다려 귀가하는 피로가,
집 가까운 버스정류장에서 내려 몇 분간 밤길을
걷다 보면 약효라도 있는 것처럼 희미해지는 것 같다.
밤길에는 사계절 각각의 초목과 흙냄새로 가득 차
있다. 그것은 먼 옛날 조부의 숨결처럼 느껴져
소년 시절의 평온한 기억을 되살려주어 귀가하는
심신을 위로해준다.

그러나 야마노우치가 스스로 '평온한 기억'이라고 말한 소년 시절은 그가 말하는 것처럼 평온한 날들이 아니었다. 야마노우치 도요노리는 1937년 1월 9일, 아버지 도요마로豊麿, 어머니 도시코壽子의 장남으로 후쿠오카현 후쿠오카시 노마野間에서 태어났다. 야마노우치가는 사가佐賀의 사족士族 출신이어서 남자로 태어나면 대대로 모두 도요라는 글자가 이름에 붙었다. 아버지는 직업군인이어서 도요노리는 1937년 11월 아버지의 임지였던 도쿄 나카노구 나카초仲町로 어머니와 함께 이사하여 그곳에서 어린 시절을 보냈다. 그 후 가족은 후쿠오카로 돌아갔고, 1943년 4월 도요노리는 시내의 다카미야초등학교에 입학했다.

아버지는 집을 비우는 일이 많아 도요노리에게는 아버지에 대한 기억이 그다지 남아 있지 않다. 글 쓰는 걸 좋아했던 도요노리의 일기나 에세이에도 아버지는 별로 등장하지 않는다. 그 대신 야마노우치가 정리해둔 서류 상자 안에는 아버지에 대한 기억으로 이어지는 종잇조각 몇 장이 소중하게 보관되어 있었다.

그 하나는 1943년 8월 7일자 《주고쿠신문》 기사로, 야마노우치 도요마로 헌병 소령의 히로시마 착임을 알리는 내용이었다. "사치는 적이다"라는 표제어 옆에 동그란 안경을 끼고 콧수염을 기른 도요마로의 얼굴 사진과 착임에 즈음한 결의가 쓰여 있다.

"주고쿠 지방은 처음 와보는 곳이라 아무것도 모르지만 군사 시설이 모여 있는 특수하고 중요한 지역이므로 시민의 많은 원조와 협조 아래 군민일체가 되어 방첩 등에 만전을 기하고 싶습니다."

현재 후쿠오카의 다카미야초등학교에 남아 있는 기록에 따르면 도요노리는 1943년 4월 1일 다카미야초등학교에 입학, 이듬해 3월 31일 전학을 갔다. 아버지의 부임지인 히로시마로 이사했고, 1년 뒤인 1945년 4월 1일 다시 후쿠오카로 돌아왔다. 도요노리가 히로시마에서 지내던 시절은 불분명한 점이 많아 상세한 사항은 알 수 없다. 본인이 남긴 메모에 따르면 히로시마시 나카구中区의 모토마치초등학교로 전학한 것으로 되어 있다. 그러나 당시 모토마치라는 이름의 초등학교는 존재하지 않았다. 1944년 무렵 모토마치 주변에 있던 초등학교는 혼카와, 후쿠로마치, 하쿠시마, 노보리초까지 네 곳이었다. 하지만 도요노리가 전학을 가고 4개월 후에 원자폭탄이 떨어져 그때의 기록은 네 곳 모두 하나도 남아 있지 않았다.

아버지 도요마로는 1944년 6월 3일 히로시마에서 중국으로 출정했다. 도요노리는 조부모가 살고 있던 후쿠오카시 호리카와마치堀川町로 옮겨가 거기서 그가 말한 평온한 소년 시절을 보낸다. 출정한 아버지는 난징에서 후쿠오카에 있는 도요노리에게 가끔 엽서를 보냈다. 야마노우치의 서류 상자에 그 엽서 여덟 장이 남아 있었다.

도요노리가 11월 9일에 보낸 편지를 읽었다.
마침 여기저기에 나가 있느라 한동안 소식을 전하지
못했구나 아버지는 병이 다 나아서 건강하게 봉공하고
있으니 안심해라. 도요노리도 건강하게 학교에 다니는 것
같으니 아버지도 지지 않도록 공부하마. 할아버지 덕분에
발의 고름도 좋아졌다니 다행이다. 하자마의 아저씨한테는
나도 고맙다는 말을 전하마. 도요노리 너도 감사하다는
편지를 보내라. 사코 고시치 상사란다.

할머니의 흉통은 걱정이구나. 도요노리, 너도 되도록
도와드리도록 하거라. 할아버지, 할머니 말씀 잘 듣고
학교 선생님 말씀도 잘 듣고 공부도 열심히 하거라.
아버지도 열심히 공부하마. 적기도 이따금 오지만
별일 아니다. 저번에는 B29기를 쏘아 떨어뜨려 미국인을
잡았다. 점점 추워지니 몸조심해라. 그럼 잘 있어라.
1944년 12월 7일

드디어 적은 건방지게도 오키나와를 점령하고
규슈에도 폭탄을 비처럼 쏟아부은 것 같은데
다들 별일 없는지. 전쟁은 인내를 겨루는 일이다.
열심히 공부하고 열심히 운동해서 훌륭한 군인이 되어라.
일본은 반드시 이긴다. 와키코 등은 어떻게 지내는지.
도요타케 숙부한테서는 소식이 왔는지. 전쟁에는
반드시 이기지 않으면 안 된다. 패배한 나라 사람들은
모두 비참해진다. 어떠한 괴로움을 무릅쓰더라도
이기지 않으면 안 된다. 몸을 튼튼히 하고 마음을
단련하여 훌륭한 국민이 되어라. 오키나와 사람들의
원수를 갚지 않으면 안 된다. 할아버지께 안부 전해라.
1945년 8월 9일

도요마로는 이런 엽서에서 조부모를 거듭 언급하지만 자신의 아내이자 도요노리의 어머니인 도시코에 대해서는 한마

디도 거론하지 않는다.

때는 분명하지 않지만 도시코는 도요마로가 출정을 간 사이 야마노우치가를 떠났다. "야마노우치가에 어울리지 않는다"는 것이 그 이유였던 것 같지만 자세한 사정은 분명하지 않다. 도요노리는 성인이 된 후에도 어머니의 그 일에 대해서는 입을 닫고 결코 먼저 말하려 하지 않았다.

아버지에 관해 남아 있던 마지막 종잇조각은 그의 전사를 알리는 사망통지서였다.

> 육군 헌병 중령 야마노우치 도요마로
> 위 사람은 1946년 4월 21일 오전 0시 5분 중국 상하이
> 제157병참병원에서 전사(췌장 괴저 및 말라리아로 인한
> 전병사)했으므로 알려드립니다.

아버지의 영정을 장식한 제단을 배경으로 국민복을 입은 도요노리의 사진 한 장이 남아 있다. 당시 아홉 살. 고개를 오른쪽으로 기울이는 버릇이 있던 도요노리는 이 사진에서도 고개를 오른쪽으로 살짝 기울이고 있다. 그 기울기가 44년 후 장례 제단에 장식된 영정 속 쉰세 살 야마노우치의 목 기울기와 겹쳐 묘하게 슬프다.

도요노리가 살았던 후쿠오카시 호리카와마치의 집은 쇼와대로라는 큰 길에 면한 저택으로 집 뒤에 삼백 평쯤 되는 밭이 있었다. 그 밭에서 할아버지와 할머니가 호박이나 가지 같

은 채소를 심거나 달리아와 아마릴리스 꽃밭을 가꾸었다. 밤이 되면 도요노리는 할아버지와 둘이서 숨을 죽이고 채소를 훔쳐가지 못하도록 밭을 지키기도 했다.

할아버지 도요타豊太는 도요노리에게 무척 엄격했다. 초등학교 수업을 끝내고 집으로 돌아온 도요노리에게 그는 매일 한학을 가르쳤다. 친구들이 야구를 하자고 찾아와도 현관 앞에서 할아버지에게 쫓겨나는 일이 많았고, 아이들이 흙장난을 하며 놀아도 도요노리만은 거기에 가세하지 않고 옆에서 가만히 지켜보기만 했다고 한다.

도요노리는 그 무렵부터 독서를 좋아했는데 소설 같은 걸 읽고 있다가 할아버지에게 들키면 그 자리에서 몰수당했다. 어쩔 수 없이 같이 살고 있던 숙모가 옷장 서랍 속 기모노 밑에 숨겨둔 소설을 꺼내서는 할아버지가 안 계실 때 몰래 읽었다.

이처럼 도요타라는 절대적인 권력자의 강력한 영향 아래 도요노리는 야마노우치가의 '도요'라는 글자를 이어받은 남자로서 기대를 한 몸에 받으며 소년 시절을 보냈다. 할아버지와 할머니는 걸핏하면 도요노리의 아버지를 예로 끄집어냈다. 일찍 잃어버린 아들에 대한 애석함이 그 이유겠지만 할아버지와 할머니는 아들의 우수함과 훌륭함을 말해주며 성취하지 못한 기대를 손자에게 걸었다. 도요노리 안에서 아버지에 대한 기억은 미화되어 현실과 유리된 이미지만 부풀었다. 그리고 그것은 도요노리의 마음과 정신에 눈에 보이지 않는 압력을 가한다.

이것이 훗날 야마노우치가 스스로 '평온한 기억'이라고 했던 소년 시절의 또 한 가지 측면이다.

히로시마에서 돌아온 도요노리는 패전 후 집 근처에 있던 하루요시초등학교에 다녔다. 당시 찍은 학급 사진 한 장이 남아 있다. 담임교사를 중심으로 6학년 1반 학생 55명이 교사 출입구 앞에 계단 모양으로 늘어서서 촬영한 사진이다. 남자아이는 대부분 까까머리이고 검은색이나 갈색 계통의 국민복을 입었고, 여자아이는 단발머리에 스웨터나 카디건, 세일러복 등을 다양하게 입었다.

학생들이 모두 무릎 위에 단정히 두 손을 올리고 차렷 자세를 취한 가운데 도요노리만이 담임교사를 흉내 내어 팔짱을 끼고 있는 모습이 유달리 눈에 띈다. 가슴에는 별 두 개의 반장 배지가 빛나고 있고 역시 고개를 약간 오른쪽으로 기울이고 있다. 하지만 기울어진 모습이 뭔가 여유롭게 느껴질 만큼 도요노리의 표정은 다른 아이들과 비교가 안 될 정도로 어른스럽다.

이 학급에는 패전 내 중국에서 귀환한 아이들도 섞여 있었다. 원래라면 한 학년 위인 학생도 몇 명 있었는데 그중에서도 도요노리가 가장 어른스러웠다고 한다. 다르게 표현하자면 어린이다움이 전혀 없었던 셈이다. 체격은 작고 야위었지만 머리가 빼어나게 좋아 급우들이 선망하는 대상이었고 담임교사마저 한 수 위로 보는 존재였던 모양이다. 그런데도 결코 공부를 못하는 아이들을 무시하는 일이 없었고, 그 무렵부터 이미 인격자의 풍모를 풍겼다고 동급생들은 말한다.

도요노리는 초등학교 시절 몇 번의 중요한 만남을 경험한다. 6학년 때 도요노리 반 담임은 마키노 노리치카牧野憲親라는 젊은 교사였다. 마키노는 문학을 좋아하여 센슈川舟라는 하이쿠 짓는 사람의 호를 갖고 있었다. 수업 중에 정기적으로 하이쿠 대회를 열어 아이들에게 적극적으로 하이쿠를 지도하곤 했다.

오월 비에 귀환선의 기적 사라지네
五月雨に 引揚船の 汽笛消え

하이쿠 대회에서 2등으로 뽑힌 도요노리의 작품이다. 이 작품으로 도요노리는 마키노가 지어준 슈잔秀山이라는 호를 받고, 이후 한동안 하이쿠 짓기에 열중한다. 그 하이쿠 대회에서 1등은 도요노리와도 친했던 모리베 마사요시森部正義의 작품이었다. 모리베도 도요노리와 마찬가지로 문학을 좋아했다. 그해 가을 모리베가 쓴 글이 어느 소년 잡지의 문예란에 실렸다. 도요노리는 그 일에 강한 자극을 받아 자신도 시를 쓰기 시작한다.

마키노, 모리베와의 만남에 더해 도요노리가 문학에 열중하게 된 가장 큰 이유는 미요시 다쓰지[2]와의 만남이었다.

고요한 오전

보렴, 아직 고목인 채인 키 큰 느티나무 우듬지 쪽을
그 우듬지의 가늘고 자잘한 가지 틈새 저 너머에도
이미 뭉실뭉실 계절의 생명이 터져 나와
마치 숨을 죽이고 조용히 있는 아이들 무리처럼
아직 눈에 띄지도 않는 그 작은 나무 싹의 군중은
서로 팔꿈치를 쿡쿡 찌르며 말 없는 그들의 말로
뭔가 속삭이고 있는 기미
봄은 벌써 그곳 잔디밭에 떨어지는 나뭇잎 사이로 비치는
햇빛의 줄무늬 경계에도 어른거리고
얕은 물에는 갈대 싹이 쭉쭉 날카로운 뿔을 내밀었네
오랫동안 슬픔에 잠긴 자에게도 봄은 희망이 돌아오는 시간
새로운 용기나 공상으로
봄은 다시 즐거운 출항의 돛천을 높이 내거는 계절
종다리나 제비도 이제 곧 먼 나라에서 돌아와
우리 머리 위를 어지러이 날며 노래하겠지
제비꽃과 민들레, 고사리나 머위나 죽순, 나비나 벌,
뱀이나 도마뱀이나 청개구리
그들도 곧 모두 모여 아지랑이 횃불을 피우고 밀려오겠지
아, 그 왕성한 봄의 징조는 사방에 나타나
눈에 보이지 않는 안개처럼 길게 끼어 있는 고요한 오전
어딘지도 모르는 방향의 아득히 먼 하늘 속에서 울고 있는

까마귀 소리도
　더없이 길게 퍼져 꿈처럼, 진리처럼
　흰 구름을 어깨에 걸친 작은 산을 둘러싸고 들려오네
　아, 실로 계절의 한가로운 이러한 순간, 이런 고요한
오전에 생각하네
　— 인생이여, 오랫동안 거기 있으라!

미요시 다쓰지의 『일점종』이라는 시집에 수록된 작품이다. 도요노리는 국어 교과서에 「고요한 오전」이라는 제목으로 실린 이 시가 특히 마음에 들어 이를 계기로 미요시 다쓰지의 세계로 끌려들어 간다.

미요시 다쓰지는 1900년 오사카에서 태어났다. 여섯 살 때 교토에 양자로 보내지고 그 후 효고현의 조부모가 거둔다. 소년 시절은 완전히 부모와 떨어져 자란 것이다. 여덟 살 때 마음에 병이 들어 죽음의 공포와 고독감에 시달려 오랫동안 학교를 쉬었다. 일단 오사카에 있는 부모에게 돌아갔지만 아버지는 가업이었던 인쇄소가 파산하면서 집을 나가 돌아오지 않았다. 다쓰지는 도쿄대학 불문과에 진학하여 하이쿠를 시작으로 문학 세계로 나아갔다.

2　三好達治(1900~1964). 쇼와 시대를 대표하는 시인.
　오사카에서 태어나 육군사관학교를 중퇴한 후 도쿄대학 불문과를 졸업했다. '시와 시론'의 신시(新詩) 운동에 참가했으며 후에 호리 다쓰오(堀辰雄) 등과 《사계(四季)》를 창간했다. 전통시를 계승하고 현대시에서의 순수한 서정성을 추구했다. 시집으로 『측량선(測量船)』 『일점종(一點鐘)』 등이 있다.

도요노리와 유사한 소년 시절을 보낸 한 시인의 영향으로 그도 시를 지어 소년 잡지나 신문 문예란에 투고를 되풀이한다. 초등학교 졸업 직전인 1949년 3월 소년 잡지 《소국민 클럽》의 애독자 문예란에 도요노리의 「소리」라는 시가 실렸다.

소리

그림 연극의 피리 소리를 쫓아가는
아이들의 왜나막신 소리가
높은 가을 하늘에 울려 퍼지네
이윽고 그 소리가 들리지 않게 되면
어딘지 모르는 쪽에서 들려오네
목수가 치는 쇠망치 소리가
여름에 미련이 남은 벽오동 우듬지를 흔들고
버드나무 마른 잎을 떨어뜨리네

후쿠오카의 명문 남자중학교 세이난가쿠인에 진학한 도요노리는 계속해서 시 창작에 열중한다. 중학교 시절 도요노리의 별명은 '목사님'이었다. 세이난가쿠인은 프로테스탄트 계열의 학교로 성서 수업이 있었다. 학교에 오가는 길에 도요노리가 늘 성서를 탐독하는 모습을 보고 친구들이 그렇게 부르게 되었다고 한다.

소나기 내리기 전에

먼 천둥소리를 듣는,
나무들 부르르 떠는 소리가 귀에 전해오네
눈앞의 검은 구름은
무한한 힘으로 시계視界를 압도하네

어떤 시위행진 같은
회색의 긴장……

하지만 겁내는 나무들조차
그 도래를 환대하려는 불가해한 사실

이윽고 나무숲은 한 번 크게 몸서리를 치고는
체념한 듯이 가만히 있고 말았네

다만 꼭대기 나뭇잎이
드디어 다가오는 천둥소리에 이따금 희미하게 흔들리네.

1951년 도요노리가 중학교 3학년 때 쓴 작품이다. 이 무렵의 시에는 자신이 방 안에 있고 창으로 바깥 풍경을 바라보기도 하고 멀리서 들리는 소리에 귀를 기울이기도 하는 상황의 작품이 많다. 1952년 후쿠오카의 명문인 현립수유칸고등학교에 진학한 도요노리는 문예부에 들어가 본격적으로 창작에 몰두하기 시작한다.

38년 후 야마노우치의 영결식에서 조사를 읽은 사람은 이수유칸고등학교의 문예부에서 함께 활동했던 아사히신문 편집위원 이토 마사타카伊藤正孝다. 이토가 조사에서 인용한 「먼 창」이라는 시는 1952년 5월 26일 《니시닛폰신문》의 독자 문예란에 야마노우치 요운山内遙雲이라는 필명으로 실렸다.

필명에서도 충분히 엿볼 수 있는데, 이 시기 야마노우치의 창작에서 핵심이 되는 것은 구름이다. 시 외에도 구름을 소재로 한 습작이 창작 노트에서 다수 발견된다. 그러한 단편들을 이어서 붙이면 야마노우치 내부에서 구름은 아버지로, 아버지의 죽음이라는 이미지로 이어짐을 알 수 있다.

> 요즘은 자주 아버지의 죽음을 생각한다.
> 공보를 받은 당시에는 왜인지 믿을 수 없었던
> 아버지의 죽음이 다시 되살아난다.
> 1953년 7월 26일

> 여름만큼 비애를 느끼게 하는 계절은 없다.
> 여름 구름은 슬펐다.
> "전쟁이 끝났어도, 공습이 없어졌어도
> 중국의 여름은 덥다. 아버지가 있는 텐트에서도
> 구름이 보인다. 여름 구름이다. 흰 구름이다.

더워서 아버지의 병도 좀처럼 낫지 않는다.
먹을 것이 적어서 몸이 야위어 수술도 불가능하다."
평소에는 긴 편지를 보냈던 아버지가 엽서에
다섯 줄을 적어 내게 보낸 것은 종전 이듬해
여름이다. (미완)
"전쟁이 끝났어도 중국의 여름은 덥다.
중국의 하늘에도 구름이 보인다.
여름 구름이다. 흰 구름이다."
センソウガオワッテモ　シナノナツハ　アツイノデス
シナノソラニモ　クモガミエマス
ナツノクモデス　シロイクモデス
전쟁이 끝난 여름, 우후無湖의 텐트 안에서 죽기 전날
아버지가 적은 이 석 줄의 엽서는 결국 우편물이
되지 못하고 이듬해에 돌아온 군의의 손으로
내게 건네졌다. 그 군의는 또 우리 가족에게 아버지의
죽음을 알려준 최초의 인물이기도 했다. 얼마 지나지
않아 공보가 와도 나는 아버지의 죽음만은 믿을 수
없었다. 군의는 엽서 외에 아버지의 유품인 박차와
채찍 등도 가져와 주었다. 하지만 나는 잡동사니를
보는 듯한 기분으로 어머니가 ○○○해버리는 것을
바라보고만 있었다.
"나도 이제 가타카나가 아니어도 글자를 읽을 수 있는데
아버지는 모르나 봐요."

나는 엽서를 받아들고 군의에게 대답했다.
"하지만 아버님은 힘들어서 가타카나가 아니면
더 이상 글자를 쓸 수 없었단다."
상대는 어머니와 할아버지를 스스러워하며 설명했지만
아버지의 죽음을 믿지 않았던 나는 납득이 가지 않았다.
그럭저럭 몇 번인가 여름이 찾아오는 사이에 나는
여름 구름에 비애를 느끼게 되었다. 그리고 복받치는
그 슬픔이 아버지의 마지막 말로 연결된다는 것을
알았다. (중략)
아버지만이 아니라 누구에게나 종전은 패전이기는
했으나 일단 안심과 희망이었을 것이다. 그러나 그 후
찾아온 아버지의 고독한 마음은 대체 어떤 것이었을까.
바다 저편의 아버지가 죽은 방향으로 보이는 먼 하늘에
여름 구름이 피어올라 있었다. 그것은 나팔꽃이
있는 데서는 우아하고 아름다우며 평화로운 바다로
보이지만, 나팔꽃의 경우에는 뭐라 말할 수 없이
쓸쓸한 초조함을 띠었다.
"구름이 보인다. 여름 구름이다. 흰 구름이다."
1953년 8월 5일

이러한 창작 메모가 야마노우치 자신이 경험한 아버지의 죽음이나 그 죽음을 알게 된 경과에서 얼마나 비롯되었는지는 알 수 없다.

아버지가 쓴 것으로 보이는 "여름 구름이다. 흰 구름이다"라는 엽서는 현존하지 않는다. 사망통지서에 따르면 아버지 도요마로가 죽은 날짜는 1946년 4월 21일이다. 그러므로 창작물에 등장하는 "여름에 죽은 아버지"와 실제로 아버지가 죽은 시기는 일치하지 않는다.

아버지의 죽음이 전해졌을 때 어머니 도시코는 이미 야마노우치가를 떠나고 없었을 텐데도 이 메모에서 어머니는 '나' 옆에 서 있었다고 하는 차이가 있다. 그러나 야마노우치가 아버지의 죽음에서 받은 감정은 이 습작 안에서 '나'나 '나팔꽃'이 받은 것과 그다지 멀지 않을 것이다.

요운이라는 필명을 쓰고, 시에서 구름을 계속 묘사한 야마노우치의 마음은 돌아가신 아버지에 대한 돌이킬 수 없는 기억과 깊이 관련되어 있을 것이다. 야마노우치에게 시 창작이란 함께 살았던 실감이 부족한 아버지의 이미지를 좇는, 결코 열매를 맺을 수 없는 작업이었는지도 모른다.

하지만 그 감정을 슬픔이나 쓸쓸함으로 파악하는 것이 아니라 '초조감'으로 파악하고 표현하는 점이 야마노우치의 특이한 성벽을 보여주는 것이라고 말할 수 있을지도 모른다. 그 초조감은 어디서 온 것일까. 그리고 그를 어디로 데려간 것일까. 이 단계에서는 야마노우치 자신도 그것을 확실히 파악하지 못했을 것이다.

도요노리는 고등학교 시절에도 성적이 아주 뛰어났다. 3학년 때는 체육을 제외하면 24개 항목 가운데 22개 항목이 5단계 평가 중 5였고, 3년간 거의 모두 5에 가까운 성적을 남겨 성적 우수자에게 주어지는 수유칸상을 수상했다.

1955년 고등학교를 졸업한 야마노우치는 그해 봄 도쿄대학 교양학부 문과1류(법학부)에 입학한다. 본인은 규슈대학 의학부에 진학하여 장래에 의사가 되고 싶다는 희망도 있었던 것 같다. 하지만 수유칸은 최상위권 학생 대부분이 도쿄대학에 진학하는 고등학교였기 때문에 야마노우치도 주위의 기대와 분위기에 휩쓸린 채 그런 선택을 한 것 같다. 그런데 그 입학을 가장 기뻐했을 할아버지 도요타는 손자의 합격 소식을 듣지 못하고 그해 2월 24일 세상을 떠나고 말았다. 도요노리는 여러 가지 의미에서 할아버지의 곁을, 그리고 후쿠오카를 떠난다.

도요노리는 세타가야구 다이타(代田)에서 하숙집을 구해 도쿄에서의 새로운 생활을 시작했다. 처음으로 상경한 열여덟 살 청년의 눈에 도쿄 거리는 어떻게 비쳤을까. 도요노리는 그때의 심정을 「K 군에게 보내는 편지」라는 제목으로 원고지에 적었다. 거기서는 자신보다 1년 늦게 도쿄대학에 입학하여 한 달 만에 환멸을 느끼고 있는 K 군을 격려하는 편지 형식을 빌려 도요노리 자신의 도쿄에 대한, 그리고 대학에 대한 불안, 기대, 그리고 낙담의 심정을 토로하고 있다.

K 군, 자네가 올봄 순조롭게 합격한 지도 벌써 한 달이
지났네. 그리고 자네가 '대학 생활에 환멸을 느꼈다'는
이야기를 듣고 나는 문득 지난 1년의 대학 생활을
떠올려본다네.
입시를 위해 처음으로 상경했을 때의 일, 시나가와의
플랫폼에서 바라본 석양의 먼 느티나무 숲, 그 그리운
기억을 나는 지금도 마음속에 그릴 수가 있네.
느티나무 우듬지는 회색의 바늘 세공품으로 보였지.
시험 마지막 날은 흐렸네. 그날의 구름은 내게 은밀한
공포를 느끼게 했지. 운명에는 미소도 있겠지만
또 냉혹한 운명도 있다는 것. 그렇게 생각하자 나는
긴자 구경을 가자고 한 T 씨를 도저히 따라갈 마음이
들지 않았네. T 씨의 비웃음을 받으며 나는 그날
밤차로 돌아가고 말았지.
사실 내가 도쿄를 두려워하고 동료를 두려워한 것은
지금 생각하면 우스꽝스러울 정도네. 전차 안에서
또는 보도에서, 그리고 교정의 잔디밭에서 나는 열심히
경계하고 있었지. 압도당하지 않겠다, 조소당하지
않겠다, 그리고 지지 않겠다 하는 의식이 대학생과
현역 합격자라는 의식의 이면에 반드시 들러붙어 있어
종종 나를 당황하게 만들었네. 도쿄가 얼마나 공허한
도회인지, 동료가 얼마나 나태한지, 나는 그것을
알았을 때 또한 고향 거리에서 쓰고 다녔던 내 사각모가

얼마나 공허하고 현역 학생인 내가 얼마나 나태한지를
깨달았지.
진실로 두려워해야 하는 것은 이 나태와 공허함이었네.
입학한 당초에는 자리를 다투기까지 한 교실에서
머지않아 보이지 않게 된 학생이 있었지. 어쩌면
아르바이트 때문에. 아니면 마이크 강의의 따분함 때문에.
그리고 지난 3년간 같은 노트를 계속 그대로 읽어대는
교수에 대한 반감에서. 나도 교실을 탈출하지는
않았지만 어떤 의미에서는 그들 중 한 명이었지.
하지만 그게 옳았을까.
3년간 달라지지 않은 강의안. 그러나 과연 그 한 줄이라도
우리는 스스로 말할 수 있을까. 무정한 것은 교단에서
한 시간을 계속 말하는 교수 자신이 아니라 시험 전
강의록 인쇄물을 줄을 서서 사는 우리 자신이었지.
K 군, 자네가 (자네도 나와 마찬가지였을 거라고
생각하지만) 합격했을 때의 기쁨은 대체 어떤 것이었을까.
뭔가 미지의 것에 대한 동경과 의욕, 그것이 그 기쁨의
정체가 아니었다고 말할 수 있을까. 그리고 그 동경은,
대학 생활이 따분하기 때문에 시들어버리는 그 의욕은
강의에 대한 환멸 때문에 사라져버리는 그런 덧없는
것이었을까.

야마노우치는 스스로가 말한 그 의욕을 창작에 쏟는다. 도쿄대학 시절의 친구는 하숙방에 밀감 상자를 놓고 원고지를 향해 있던 야마노우치를 기억하고 있다. 야마노우치가 입학한 이듬해인 1956년 도쿄대학신문은 그해 오월제를 기념해 소설, 평론 등의 원고를 모집하여 소설 부문 입상자 한 명에게 상금 1만 엔을 지급하겠다고 지면에 발표했다. 이것이 제1회 오월제상이다.

5월 5일을 마감으로 현상 응모에 제출된 소설은 총 스물다섯 편이었다. 응모자 중에는 훗날 전기통신대학 교수가 된 니시오 간지西尾幹二, 쓰쿠바대학의 교수가 된 소에다 요시야副田義也, 연출가가 된 구제 데루히코久世光彦 등의 이름이 보인다. 그중에 「십년」이라는 제목으로 응모한 야마노우치의 이름도 있었다.

그러나 결국 그해에 입선작은 나오지 않았다. 그 이듬해인 1957년, 3학년이 된 야마노우치는 법학부에 진학한다. 그리고 그해의 제2회 오월제상에 다시 소설 부문에 「습작」, 문예평론에 「예술과 법」, 정치 평론에 「국회의원에 대하여」, 이렇게 세 편을 응모하지만 모두 낙선한다.

그때 소설 부문에 입선한 사람이 당시 문학부 학생이었던 오에 겐자부로大江健三郎다. 작품은 「기묘한 일」이다. 오에 겐자부로는 이를 계기로 문단에 데뷔하여 소설가로서의 길을 걷기 시작한다. 어린 시절부터 항상 성적이 우수했던 야마노우치에게 그때의 연이은 낙선은 처음으로 겪어보는 좌절이었을지도 모른다. 야마노우치는 그 이듬해에도 오월제상에 응모하지만 결국 졸업할 때까지 한 번도 입선하지 못했다. 대학 3학년 때의 겨울, 막 스물한 살이 된 야마노우치의 일기에 그 일의 단편이 남아 있다.

2월 20일.
1957년도 겨울 학기 시험이 끝났다.
최종일, 오늘의 경제(기무라)는 꽤 쓸 수 있어서
시험에서의 해방감과 안도감이 말 그대로 어깨의
짐을 내려놓은 심정. 점심으로 학생식당 메트로에서
토스트, 라디오에서 영어 방송.
초콜릿을 사서 버스를 타고 우에노의 히로코지로.
조금 걸어 도큐 영화관에서
〈위대한 희망〉[3]과 〈카날〉[4]을 봄.
〈카날〉: 대체 인간이 그런 상황에서 살아갈 수
있는 것일까. 휴먼 비극이지만 거기까지 가면
가슴이 답답해진다.
그러나 잘 만든 영화라고 생각한다.
영화관을 나오자 세상이 왠지 비교도 안 될 정도로
쉽게 생각되어 묘하게 흥분한 채 씩씩하게 걸었다.
그런 영화를 만들게 한 전쟁이 무섭다.
그것과 함께 인간은 누구든 사랑해두지 않으면
안 된다는 기분이 든다.

우에노, 지하철, 역시 피곤하여 전차 안에서 힘들었다.
"이제 곧 집이야. 병원에서 느긋하게 쉬자"라고
말한 〈카날〉 히어로인의 말을 떠올린다.
하지만 그녀는 결국 태양과 푸른 초원을 꿈꾸지만
쇠 격자에 머리를 세게 눌렸을 뿐이었다.
흥분하고 있던 탓인지 도요코 백화점에서는
엘리베이터를 타고 말았다.
돌아갈 때 6층에서 이 노트를 샀다.

〈위대한 희망〉은 1954년에 공개된 이탈리아 작품으로, 작곡가 니노 로타가 음악 작업에 참여한 전쟁 액션 영화다. 침몰한 영국 배의 생존자를 이탈리아 잠수함이 구출하여 중립국 포르투갈로 데려다주기까지의 과정을 그린, 실화를 바탕으로 한 이야기다.

〈카날〉은 폴란드 출신 안제이 바이다 감독의 작품이다. 독일군에게 쫓기는 레지스탕스 젊은이들이 지하 하수도로 숨어든다. 이리저리 헤맨 끝에 지상으로 나오다가 체포되어 전멸해가는 모습을 그린 작품이다.[5]

2월 20일의 일기는 이렇게 이어진다.

---

3 원제는 La Grande Speranza(1954).
4 Kanał(1957).
5 《ヨーロッパ映画作品全集》, 1972년 12월 10일 증간호, p.60.

밤, 식후에 시모기타자와를 산책.
헌책방이 닫혀 있어 가드너를 고르지 못했다.
별이 빛난다.
《문예춘추》에서 오에 겐자부로의 아쿠타가와상
후보작을 읽었다. 착상뿐이라는 생각이 드는데 어떨까.
오히려 소에다 요시야의 「투우」가 더 의미 있는
작품인 것 같다.
「죽은 자의 사치」는 「기묘한 일」과 비슷한 시츄에이션.
무엇을 생각하고 있는지는 알겠지만.
이런 '기교'로 자신들의 챔피언이 되어서는 곤란하다.
작자는 솔직하겠지만, 이를테면 모두와 같은 데서밖에
느끼지 않고 있다.
가이코 다케시는 『패닉』과 같아 붙들기가
어려워 읽지 않고 넘어간다.
코의 주근깨에 주름을 만들며 이야기하는 소녀,
감기 탓인지 목소리가 쉬었다.
같은 《문예춘추》에서 다케야마 미치오의
나치 관련 글을 읽으니 두렵다.
정말 두 번 다시 일어나지 않는 걸까.

9월 6일에 쓴 일기는 글자가 갈겨쓰여 있어 판독할 수 없는 곳도 있다. 감정적인 상태에서 붓을 잡는 일이 적은 야마노우치치고는 드물게도 문면에서 직접 마음의 동요가 읽힌다.

여기에 쓰기 시작해도 의미가 없다. 긴 나날이었다.
등수를 알아보러 간 것은 무엇 때문이었을까. 아마도
1학기 시험일, 게다가 좀 더 이전부터임이 틀림없다.
생각하는 일에 지쳤다. 언젠가 그리워져 돌아보는
일도 있을까.
뭔가를 준 것은 틀림없다. 꼭 스스로 ○○해보일 것이다.
얼마나 높은 곳에 도달할지는 모르지만 높은 것에 대한
용기만은 잃고 싶지 않다.
이것만은 틀림없이 주었으니까.
아마도 둘이서라면 더욱 뛰어난 것을 만들어낼 수
있었을 것이다.
그러나 행복하게 할 수 있었을지 어떤지는 모른다.
아마 행복해졌을 것이다. 자신은 불행해도 된다는 것은
거짓이다.
행복하게 할 수 없으니 포기하는 것도 거짓이다.
하지만 지금은 거짓말을 할 수밖에 없다.
차선책으로 친구로서의 지위를 인정해주면 좋을 텐데.
강해지자. 동경을 위해서도 강해지자. 불행을 바라지는
않을 것이다.
대체 뭘까. 준 것은.
○게 하는 마음의 까닭은.
베토벤이여,
아마 불행한 사람일 것이다.

그가 남긴 일기에서 여성에 대해 쓴 것은 이것뿐이다. 그래서 그 단편으로 그의 여성관을 추측하기는 어렵다. 그러나 거기에는 어려서 어머니를 잃은 일이 그림자를 짙게 드리우고 있었음을 결혼 후 아내 도모코에게 했던 몇몇 말에서도 이해할 수 있다.

"나한테 여자라는 건 나를 나 그대로 인정해주는 사람, 그대로 받아들여주는 존재인 거요."

"여자는 화장실 같은 곳을 가지 않는 존재라고 생각했소."

야마노우치는 도모코에게 이렇게 말했다고 한다. 부권적인 가정에서 자란 그에게 모성적인 존재야말로 그가 본심으로 찾아 마지 않던 것이었다. 그런 의미에서 성인이 된 이후에도 그의 활동이나 일상은 소년 시절에 잃은 아버지와 어머니를 찾는, 무의식적으로 굶주림에 허덕이는 느낌과 깊이 연결되었다고 할 수 있을지도 모른다.

2장

구제

1959년 3월 28일. 야마노우치는 도쿄대학 법학부 제2류(공법 코스)를 졸업하고 후생성에 들어간다. 상급공무원시험의 합격 통지에 기록된 석차는 99명 중 2등이었다. 법학부 성적으로는 우[6]를 14개 받았다. 관료를 목표로 하는 도쿄대학 법학부 출신 엘리트들에게 우의 개수와 시험의 석차는 관료 경력에 평생 따라다닐 만큼 의미가 크다.

당시 우가 두 자릿수, 상급공무원시험 최상위급이라면 관료 중에서도 가장 **우수한** 사람들이 모이는 대장성에 들어간다고 해도 장래에 과장 자리는 확실하다고들 했다. 야마노우치처럼 2등이라면 당연히 대장성, 외무성, 통상산업성 같은 **큰** 성에서 서로 오라고 직접 말을 걸어왔을 것이고, 관료들이 동경하는 그곳들에 힘들이지 않고 들어갔을 것이다.

그러나 야마노우치는 스스로 후생성을 택했다. 왜일까. 후생성에 들어간 경위에는 몇 가지 설이 있다. 1986년 1월 9일, 후생성 심의관이었던 야마노우치는 수유칸고등학교 졸업생의 모임인 '니모쿠카이'二木会(매월 두 번째 목요일에 열렸다)에 참석하여 '후생 행정의 이모저모'라는 주제로 강연을 했다. 이 자리에서 자신이 후생성에 들어갔을 때를 돌아보며 다음과 같이 말했다.

---

6   교양학부에서의 성적은 우, 양, 가, 불가(優/良/可/不可),
    이렇게 4단계로 평가한다. 법학부에서는 우상, 우, 양, 가, 불가(優上/優/
    良/可/不可), 이렇게 5단계로 평가한다.

작년(1985) 9월 무렵이었을까요. 어느 대학의 사회학 교실에서 앙케트를 의뢰해왔는데 "우리 연구실에서는 왜 관료가 되었는가 하는 사회학적 조사를 진행하고 있습니다. 야마노우치 씨는 왜 후생성을 선택했는지 다음 중에서 골라주세요." 하는 것이었습니다. 선택지가 일곱 개였는데 사실 어느 것도 해당되지 않아서 저는 난감했습니다. 어떤 선택지가 있었는가 하면, 예컨대 관리가 되어 천하와 국가를 논하고 싶다, 관리는 노후가 보장되어 안정감이 있다, 일 자체에 흥미가 있어서 등등 여러 가지가 있었습니다. 하지만 저는 어디에도 해당되지 않았지요. 실은 대학 시절 프랑스어 수업을 들을 때 멀리서 동경하고 있던 여학생이 있었습니다. 알아보니 아무래도 후생성에 들어갈 것 같다고 해서 그녀와 함께 직장 생활을 할 수 있다면 얼마나 행복할까 싶어 들어간 것이거든요. 그녀도 후생성에 합격한 모양인데 저도 합격했습니다. 역시 장래성이 별로 없어서 그녀는 5년쯤 있다가 퇴직했습니다. 이미 신랑감이 있었던 모양으로 보기 좋게 차인 거지요. 그 이후로 저는 앞으로 뭘 할지를 생각했고 사랑으로 생긴 깊은 상처를 후생 행정으로 치유하겠다는 열의로 오늘에 이른 것입니다. (후략)

이따금 강연장에서 웃음을 이끌어내며 야마노우치는 후생성에 들어간 당시의 일을 이렇게 돌아보았다. 그 여성이 일기에 갈겨쓴 글씨로 적힌 여성인지 어떤지는 알 수 없다. 하지만 후생성에 들어간 여성의 존재에 대해서는 나중에 넌지시 도모코에게도 이야기했다.

이유는 그 밖에도 몇 가지 생각해볼 수 있다. 야마노우치는 중학생 때 골수염이라는 병에 걸려 고등학교 시절 내내 다리를 질질 끌듯이 걸었다고 한다. 신장 168센티미터, 체중 60킬로그램으로 보통 몸집에 중간 정도 키의 체격이었다. 학창 시절부터 운동을 잘하지 못하고 신체도 그다지 튼튼한 편이 아니었다.

확실히 경제적으로는 유복했고 성적도 발군이어서 과연 엘리트 중의 엘리트였다. 하지만 성장 배경을 포함하여 가정적인 애정을 그다지 받지 못하고 자란 야마노우치가 사회적 약자 구제를 목적으로 설치된 후생성을 선택한 것은, 그의 내부에서는 자연스러운 일이었는지도 모른다. 후생성에 들어간 직후 고등학교 시절 친구인 이토 마사타카를 만난 야마노우치는 "천직을 만났네"라며 기쁜 듯이 말했다고 한다.

1959년 4월 1일 후생성의 의무국 차장으로부터 사령장을 교부받은 야마노우치를 포함한 신입 직원은 4월 15일까지 2주 동안 연수를 받았다. 연수 중에 야마노우치가 기록한 메모에는 이런 것이 있다.

4월 1일 다나베 사무차관 점심 모임
차관: 확대되고 있는 후생 행정에 대한 자각을.

오후
구리야마 과장: 휴머니즘 없는 후생 관리의
존재를 한탄.
구마자키 인사과장 훈화: 형식에는 구별이 없지만
기대되는 간부 후보생으로서의 주목을 가늠한다.
기대를 저버리지 않는 마음가짐을. 후생 행정의
폭을 넓히기 위한 파견 근무.

구마자키 인사과장의 '간부 후보생'이라는 말은 아마도 야마노우치를 지칭한 것으로 보인다. 4월 1일, 이날은 신입 직원들에게 후생성 관료로서의 경력을 시작하는 날임과 동시에 후생성 내에서의 출세 경쟁, 즉 사무차관이라는 단 하나의 자리를 둘러싼 경쟁이 시작되는 날이기도 했다.

야마노우치가 후생성에 들어간 1959년, 후생성은 큰 문제에 직면한다. 미나마타병이다.

1959년 11월 2일, 구마모토현 미나마타의 어민들이 신일본질소비료의 미나모토 공장에 난입하여 부상자가 다수 발생했다. 이 사건이 전국지에 보도되어 미나마타병이라는 존재가 처음으로 주목을 끌었다. 30년이 넘는 미나마타병의 역사에서 1959년은 큰 전환점이 된 해였다.

일본질소비료(1950년 '신일본질소비료', 현재 '짓소')는 메이지 시대 말기, 쇠퇴한 농업과 제염업 대신 구마모토현 미나마타에 유치한 전기화학 공장이다. 짓소는 제1차 세계대전 이후 유럽에서 암모니아 합성 기술을 도입하여 일본에서 처음으로 합성비료 생산에 성공하여 일본을 대표하는 화학 기업의 하나로 성장한다. 그 원동력이 된 것이 미나마타 공장이다. 그 후 미나마타시가 짓소의 기업 도시로 발전해간 것이 미나마타병의 원인 규명을 늦추는 하나의 원인이 되고 말았던 것은 얄궂다고밖에 표현할 수 없다.

이 미나마타 공장에서는 기술 연구와 개발을 병행하고 있었는데 1932년에는 아세틸렌에서 아세트알데히드를, 1941년에는 아세틸렌에 염화비닐을 합성하는 데 성공한다. 이 합성 과정에서 촉매로 사용한 것이 수은이었다.[7]

일본이 전후 부흥에서 고도성장으로 발전해가는 것과 보조를 맞추는 형태로 짓소도 기업으로서 발전을 이룬다. 그 대가로 생겨난 것이 미나마타병이다. 촉매로 사용한 수은은 별도 처리하지 않고 해수에 버려져 어패류 체내에 축적되었고 그것을 먹은 어민의 신체를 해쳤다.

아세트알데히드 제조 과정에서 나오는 수은을 포함한 폐수는 전쟁 전부터 시라누이해[8]를 계속 오염시켜 어민과 공장 사이에 다툼이 끊이지 않았다. 그 다툼이 어획량 감소에 관한 것이었을 때 짓소는 어민에게 적게나마 보상금을 지불함으로써 그 불만을 잠재웠지만 1956년 어민들 사이에 손발이 저리는 등의 '기이한 병'이 다발하게 되자 문제는 더욱 심각해졌다.[9]

그해 5월 16일, 《구마모토니치니치신문》에서

"미나마타에 아이들 기이한 병
— 같은 원인인가, 고양이에게도 발생"

이라는 표제로 미나마타만의 기이한 병을 보도했다. 이것이 미나마타병에 대한 실질적인 제일보로 여겨지고 있다. 이후 보도한 후속 이야기는 『공해의 정치학—미나마타병을 좇아』[10]에 상세하게 나와 있다.

다양한 사람들이 기이한 병의 원인을 규명하기 위해 움직이기 시작했다. 1956년 5월 28일, 미나마타시의 보건소와 위생과, 짓소 부속병원 등이 중심이 되어 '미나마타 기병奇病 대책위원회'가 설립되었다. 위원회는 8월 14일, 구마모토대학 의학부에 기병의 원인 규명과 연구를 의뢰함으로써 본격적인 활동을 시작했다.

구마모토대학 의학부 미나마타병 연구팀은 연구를 개시한 지 3개월 뒤인 11월 3일, 제1회 연구 보고회를 열었다. 그 석상에서 기병은 전염병이 아니라는 것, 그리고 이 단계에서 일찌감치 "일종의 중금속이 어패류를 통해 인체 내에 침입함으로써 발생한 중독이다"라고 보고했다.[11]

그러나 연구는 여기서부터 잘 진척되지 않는다. 독물로 생각한 중금속은 망간, 납, 아연, 구리, 비소, 셀렌 등 다수였고 원인 물질을 특정하기까지 긴 시간을 요하게 된다. 더욱이 연구를 진행해가는 데 가장 장애가 된 것은 통상산업성이라는 존재였다. 연구팀이 짓소의 공장 폐수를 샘플로 얻고 싶다고 해도 공장 측은 기업 비밀을 구실로 통상산업성의 허가를 받아 오라며 퇴짜를 놓았다. 샘플도 만족스럽게 입수할 수 없는 상황에서 구마모토대학은 3년 가까이 연구를 계속하지 않으면 안 되었다.

후생성에서는 후생과학 연구팀이 1956년부터 기병의 원인 규명에 착수하여 1958년 7월 9일 역학조사 결과를 발표했다. 거기서 기병의 원인을 신일본질소의 폐기물로 추정했다.[12] 1959년 7월, 연구를 계속하던 구마모토대학의 연구팀이 미나마타병 환자를 진찰한 영국의 신경과 의사 더글러스 매캘파인의 논문을 참고하여 드디어 원인은 유기수은이라는 결론에 도달한다. "미나마타병의 원인은 유기수은, 구마모토대학 연구팀이 확인"이라는 표제어가 아사히신문의 특종으로

---

7 宇井純, 「水俣病の三十年」(桑原史成, 『水俣：終わりなき30年』, 径書房, 1986), pp.161~162.
8 不知火海. 구마모토현 남서안과 우토(宇土)반도, 아마쿠사지마(天草島), 나가시마(長島) 등으로 둘러싸인 야쓰시로해(八代海)의 다른 이름.
9 川名英之, 『ドキュメント日本の公害第1卷』(綠風出版, 1987), p.11, p.22.
10 宇井純, 『公害の政治学 — 水俣病を追って』, 三省堂新書, 1968.
11 川名英之, 『ドキュメント日本の公害第1卷』(綠風出版, 1987), p.34.
12 宇井純, 『公害の政治学 — 水俣病を追って』(三省堂新書, 1968), p.44.

지면에 보도된 것은 1959년 7월 14일이다.

> (구마모토대학 의학부) 다케치 교수 등은 유기수은
> 중독이 미나마타병의 임상 증상과 병리학적으로 보아
> 유사하기 때문에 고양이의 미나마타병 실험과
> 유기수은 중독증과의 관계를 1년간 검토했다. 그 결과
> 원인 물질이 수은화합물이라는 사실이 입증되었다고
> 한다. 과학적인 분석, 임상 실험과 병리학적 관찰이라는
> 세 가지 측면에서 동일한 결론을 얻음으로써 결과는
> 거의 확실해 보인다. 세 교수는 올 여름방학을 이용해
> 다시 미나마타만의 현지 조사를 진행하여 어패류,
> 해저의 이토를 대상으로 그 결론을 뒷받침할 실험을 한다.
> (후략)

더욱이 이 기사에서는 발생원에 대해 신일본질소 미나마타 공장이라는 고유명사를 들며 공장 폐수 속 화학물질에 수은이 포함되어 있다고 추정했다.[13]

짓소는 기업 측 어용학자를 동원하여 이 '유기수은설'을 철저하게 무너뜨리려고 한다. 맨 먼저 등장하는 것이 '폭약설'이다. 이는 일본화학공업협회 이사인 오시마 다케지大島竹治가 꺼낸 것으로, 종전 때 바다에 투기된 옛 일본군의 항공 폭탄 탄체가 부패하여 내부의 피크르산이나 사에틸납이 녹아내렸다는 설이다. 짓소의 요망으로 후생성이 현지 조사를 한

결과 이는 사실무근임이 밝혀진다.[14] 어떤 근거로 나온 발언인지는 알 수 없지만, 여론이 유기수은설로 집중되는 것을 막는 데는 충분한 역할을 했다.

야마노우치가 후생성에 들어간 그해 가을 1959년 11월 2일, 미나마타 어민들의 진정에 부응하는 형태로 중의원 조사단 스물여섯 명이 미나마타를 방문했다. 첫 현지 시찰이었다. 2일 정오, 미나마타시에 도착한 시찰단 일행은 버스 여덟 대에 나눠 타고 미나마타 시립병원으로 가서 환자를 위문한다. 그곳에서 시찰단은 어민을 중심으로 한 사천 명가량의 시위대를 맞이하여 직접 진정을 들었다.

앞에서 말한 공장 난입 사건이 일어난 것은 그 직후인 오후 1시 50분이다. 어민총궐기대회를 위해 모인 시라누이해 지역의 어민은 진정을 마치자 공장으로 몰려갔다. 전날 짓소 공장 관계자에게 난동을 부렸다는 이유로 어민 여덟 명이 고소당한 것에 더해 공장 측에서 단체교섭 신청을 거부함으로써 분노가 폭발하여 약 천 명이 공장에 난입했다. 사무실, 배전실, 수위실에 있던 전자계산기, 타자기 등을 닥치는 대로 때려 부순 어민들은 경찰 이백오십 명과 충돌했다.

오후 2시, 대기하고 있던 기동대 백 명이 출동하여 사태는 간신히 진정되었으나 쌍방에 백 명 이상의 부상자가 발생했

---

13 宇井純, 『公害の政治学 — 水俣病を追って』(三省堂新書, 1968), pp.56~57.
14 原田正純, 『水俣病』(岩波新書, 1972), p.56.

다.[15] 어민들의 격렬한 태도를 접한 국회 조사단은 현 당국, 현 의회, 짓소의 태만을 질책하고 앞으로는 각 성청의 세력 싸움을 그만두고 모두가 협력하여 미나마타병의 원인 규명에 힘쓰겠다는 약속을 하고 도쿄로 돌아왔다.

그러나 결과적으로 미나마타병의 원인 규명과 환자 구제는 질책의 말을 남기고 돌아온 국가 행정과 기업, 학자의 **일치단결**한 노력으로 다시 시라누이해 밑바닥으로 돌아가고 만다. 11월 11일, 비료공업회에서는 권위자로 알려져 있던 기요우라 라이사쿠淸浦雷作 도쿄공업대학 교수가 비유기수은설의 하나인 '유독아민설'을 보고했다. 이 보고는 당일 통산산업성이 직접 「미나마타만 내외의 수질 오염에 관한 연구」로 발표한다. 그 이튿날인 12일 아사히신문에는 "'공장 폐수라고는 생각할 수 없다', 미나마타병에 대한 기요우라 교수의 보고"라는 표제어와 함께 다음과 같은 기사가 실렸다.

> 구마모토현 미나마타만의 어류를 먹으면 일어나는
> 기이한 질병인 '미나마타병'에 대해서는 신일본질소
> 미나마타 공장에서 나오는 폐수 중의 수은이 원인이라
> 여겨졌지만 올여름부터 현지 조사를 해온 도쿄공업대학의
> 기요우라 라이사쿠 교수는 "원인은 공장 폐수라고는
> 생각할 수 없다"는 결론을 내리고 11일 통상산업성에
> 그 연구 보고서를 제출했다.
> 이번 기요우라 교수의 결론은 "미나마타만의 수질은

다른 바다나 만과 비교하여 특별히 오염되지 않았고
바닷물 속 수은 농도도 높지 않다. 그리고 미나마타 이외의
지역에서도 체내에 수은이 많이 축적된 어류가 있으며
그 어류를 먹어도 기이한 병은 걸리지 않기 때문에
미나마타병이 수은을 포함한 공장 폐수 때문에 일어난다는
결론은 섣부른 생각이다." (후략)

기요우라가 미나마타를 방문하여 수질 조사를 시작한 것은 그해 8월 말이었다. 그는 불과 3개월도 안 되는 조사로 구마모토대학이 3년에 걸쳐 간신히 도달한 결론을 부정했다. 통상산업성은 기요우라의 이 주장을 지지하고 '미나마타병 관계 각 성 연락회의' 석상에서 대표자가 "신일본질소 미나마타 공장의 폐수가 원인이라고 단정할 수 없다"고 발언했다. 사실 11월 12일, 이날은 후생성의 식품위생조사회가 미나마타병의 원인 규명 결과를 후생성 장관에게 답신하는 날이었다. 그 답신에는 원인 물질에 대해 이렇게 쓰여 있었다.

미나마타병은 미나마타만 및 그 주변에 서식하는 어패류를
다량으로 섭식함으로써 일어나는, 주로 중추신경 계통의
장애를 일으키는 중독성 질병이고 그 주요 원인은 일종의
유기수은 화합물이다.

원래라면 이 답신은 미나마타병에 관한 첫 번째 정부 견해가 될 수 있었을 것이다. 하지만 통상산업성의 멋진 책략으로 '원인은 아직 확정되지 않았다'는 인상을 강하게 남겼다. 통상산업성과 후생성의 대결은 이렇게 통상산업성이 작전상 승리한 것으로 끝난다.

여기에 재차 타격을 주듯이 그 이튿날인 13일 각의 석상에서 이케다 하야토池田勇人 통상산업성 장관은 "유기수은이 신일본질소 미나마타 공장에서 유출되었다는 결론은 섣부른 생각"이라며 후생성의 움직임에 못을 박았다.[16]

미나마타 식중독 부회는 답신을 낸 그날 해산 명령을 받았다. 그것을 대신하여 이듬해 2월 26일 경제기획청 내에 '미나마타병 종합조사 연구 연락협의회'가 발족한다. 주도권이 환자 쪽인 후생성에서 기업을 대변하는 경제기획청으로 넘어감으로써 미나마타병의 원인 규명은 어쩔 수 없이 크게 후퇴한다. 그 증거로 앞으로는 통상산업성, 경제기획청, 후생성, 농림성, 각 성청이 협력하여 원인 규명에 임한다고 약속되었는데도 협의회는 아무런 결론도 내지 못한 채 이듬해 3월 자연스럽게 소멸되고 말았다.[17]

그 후 다시 정부 견해가 확정된 것은 9년 후인 1968년이다. 미나마타병의 원인 규명을 둘러싼 정부 내, 특히 통상산업성과 후생성의 주도권 싸움은 이처럼 극히 혼란스러웠다. 그러나 결과적으로 기업 쪽인 통상산업성이 힘으로 밀고 나가 이 공해병의 조기 해결의 싹을 직접 제거했다.

기업이나 어용학자와의 협력으로 유기수은설을 수습한 통상산업성의 죄는 물론 중대하다. 하지만 성청 간의 이해나 힘 관계에 따라 스스로 규명한 결론이 불합리한 형태로 부정당했음에도 반론조차 할 수 없었던 후생성의 죄도 마찬가지로 중대하다. 첫 번째 미나마타 시찰은 아무런 수확도 없이 이루어졌고, 막다른 곳에 몰려 폭동을 일으킨 어민이 오히려 가해자 기업인 짓소로부터 고소를 당했다. 약자 구제를 목적으로 만들어진 후생성이 이처럼 그 역사에 크게 후퇴의 한 걸음을 기록한 1959년, 스물두 살인 야마노우치 도요노리는 그런 후생성에 들어간 것이다.

---

15 宇井純, 『公害の政治学 — 水俣病を追って』(三省堂新書, 1968), pp.98~103.
16 川名英之, 『ドキュメント日本の公害第1巻』(緑風出版, 1987), pp.49~53.
17 宇井純, 『公害の政治学 — 水俣病を追って』(三省堂新書, 1968), pp.154~158.

3장

전화

1990년 12월 4일 오전 9시. 야마노우치 도모코는 도쿄 마치다의 자택에서 한 통의 전화를 받았다. 남편이었다.

"난 지금부터 실종될 거요. 행방불명이라는 건데 장소는 말할 수 없소. 그것 말고는 기타가와 장관의 미나마타행을 막을 방법이 없소. 지금 미나마타에 갈 수 있는 상태가 아니오.

신문에서 떠들썩할지도 모르지만 걱정할 건 없소. 다만 관청은 그만두게 될 거라 생각하오……."

남편은 이렇게 힘없이 말하고는 전화를 끊었다. 도모코는 이야기의 의미를 알 수 없어 혼란스러웠다. 미나마타에 갈 수 있는 상태가 아니라는 말은 남편의 몸 상태가 좋지 않다는 뜻인지, 여러 상황이 좋지 않다는 뜻인지 그 전화만으로는 판별하기가 어려웠다.

9월 28일 미나마타병 소송을 둘러싸고 도쿄 지방법원에서 국가에 화해 권고를 내리고 나서 남편의 분주함은 전보다 더욱 심해졌다. 집에서 일 이야기를 전혀 하지 않는 사람이었지만 환경청의 기획조정국장에 취임한 7월 이후 업무량이 늘어난 것만은 도모코도 느낄 수 있었다.

귀가는 자정을 넘기는 일이 많았다. 귀가한 후에도 2층 자신의 방에서 책상에 앉아 자료를 읽기도 하고 신문기사 스크랩을 하기도 하며 새벽 두세 시까지 일을 계속했던 듯하다. 이튿날 아침 도모코가 2층으로 올라가면 남편은 와이셔츠에 가운을 걸친 채 쓰러진 듯이 자고 있는 일이 종종 있었다. 밥도 먹지 않고 뭔가에 홀린 것처럼 일하는 남편의 몸을 걱정하여 도모코는 비타민 등의 영양제를 준비하여 책상 위에 놓아두기로 했다. 그렇게 미나마타병 문제에 주력하던 지난 두 달간은 일요일에도 아침 일찍 전화로 업무를 지시하고 출근하는 등 쉬는 법이 없었다.

9월 하순, 도모코가 감기에 걸려 기침이 멎지 않자 평소에는 그다지 조바심을 내지 않던 남편이 희한하게도 도모코에게 말했다.

"나한테 감기를 옮기지 마시오. 지금은 내가 한가하게 감기에 걸릴 수가 없소."

예뻐했던 개 고로는 남편을 가장 잘 따랐다. 밤이 되어 이불 속으로 기어들면 남편은 아무리 피곤해도 화내지 않고 안으로 들어오게 해주었다. 그러면 숙면을 취할 수 없지 않을까 걱정한 도모코는 자신의 감기를 옮기면 미안하기도 해서 그때까지 1층 거실에 나란히 이불을 깔았는데 남편의 이불만 2층으로 옮기기로 했다. 도모코는 나중에 이 일을 무척 후회하게 된다.

11월에 접어들고 나서 남편의 초췌함은 나날이 심해졌다. 집에 돌아오고 나서도 긴장이 풀어지지 않고 점차 신경질적으로 변해갔다. 서너 시간의 수면밖에 취할 수 없는 날이 몇 달이나 이어졌다. 이대로는 몸이 망가지지 않을까 도모코는 걱정했다. 통근에도 왕복 세 시간 이상 걸리는 것을 생각하여 남편에게 말했다.

"왕복하는 시간에 잠을 더 잘 수 있다면 집은 걱정할 필요 없으니 늦어질 때는 호텔에 묵으세요."

그리고 나서 남편은 늦어지면 호텔에 묵었다. 그렇게 되는 날에는 반드시 "오늘은 여기서 묵을 거요"라고 성실하게 전화해주었다.

숙박한 곳은 도라노몬 파스토랄 호텔이나 호텔 다카나와, 아카사카 샨피아 호텔 등 대체로 도쿄 시내 비즈니스호텔이었다. 그러나 예약을 할 수 없어 가스미가세키 합동청사 21층의 국장실 소파에서 선잠을 자야 했던 날도 있었던 것 같다. 국장이면 호텔 예약 정도는 보통 부하 직원에게 맡기는데 야마노우치는 그런 절차까지 모두 자기 혼자 했다.

12월 3일 아침은 평소처럼 6시 30분에 일어나 아침을 먹었다.

"오늘은 들어올 거요."

남편은 현관까지 배웅하러 나온 도모코에게 한마디만 건네고 8시에 집을 나섰다.

3일 저녁. 당연히 남편이 돌아올 거라고 생각하며 도모코는 기다리고 있었다. 하지만 남편은 끝내 들어오지 않았고 연락도 없었다.

'이런 일은 한 번도 없었는데……'

도모코는 그대로 4일 아침을 맞았다. 남편으로부터 걸려온 전화가 끊어지고 곧바로 두 번째 전화벨이 울렸다. 환경청이었다.

"국장님 계십니까?"

젊은 남자의 목소리였다.

"지금 집에 없는데요."

도모코가 대답했다. 조금 전에 남편에게서 전화가 왔었다고 말할지 말지 잠깐 망설였다. 하지만 관청을 그만두게 될 것 같다는 남편의 말로 추측해볼 때 아마도 남편이 자신의 행동을 관청에 알리지 않았을 거라고 생각하여 말하는 걸 그만두었다. 관청에서 걸려온 전화는 국장의 부재만 확인하고 금방 끊어졌다.

도모코는 집안일이고 뭐고 도무지 손에 잡히지 않았다. 오로지 남편의 다음 전화만 기다렸다. 기다릴 수밖에 없었다.

오전 11시 30분, 세 번째 전화벨이 울렸다. 남편이었다.

"지금 히가시카나가와東神奈川에 있소. 이제 집에 들어갈 거요."

이 말만 하고 전화를 끊었다. 실종될 거라는 첫 번째 전화와 엇갈려 도모코는 사태를 파악할 수가 없었다. 다만 어쨌든 남편이 돌아온다면 그것만으로 안심이라고 생각하고 식사 준비를 하며 귀가를 기다렸다.

12시 15분. 문이 열리는 소리가 들려 도모코는 서둘러 현관으로 나갔다. 남편은 맥이 탁 풀린 채 그곳에 서 있었다. 어제 아침에 집을 나갔던 남편과는 전혀 다른 사람처럼 초췌해진 모습에 도모코는 당황했다.

'아무튼 쉬게 하지 않으면 안 된다.'

가방을 받아 들고 남편을 현관 안으로 들어오게 했다.

"밥은요?"

"응, 지금은 됐소."

남편을 부엌 의자에 앉히고 서둘러 수프를 준비했다. 남편은 수프를 조금 먹더니 숟가락을 놓고 말았다.

"부탁이니까 위로 올라가서 눈 좀 붙이세요."

도모코가 이렇게 말하자 남편은 고개를 끄덕이고 계단을 올라갔다. 2층 방에는 어젯밤 도모코가 준비한 이불이 그대로 깔려 있었다. 일단 방으로 들어간 남편은 잠시 후 다시 나왔다. 뭔가 마음에 걸리는 일이 있는 듯 잠이 안 오는 모양이었다. 계단을 내려와 전화기 앞으로 갔다. 상대는 환경청인 것 같았다. 죄송하다고 몇 번이고 사죄하는 소리가 들렸다. 전화를 끊더니 도모코에게 가서 이렇게 말했다.

"미나마타에는 가지 않아도 되게 되었소. 나 대신 모리 씨가 가주기로 했소."

"그래요."

'다행이다. 사정은 잘 모르지만 이제 잠시 쉴 수 있다.'

도모코는 다소 안심했다.

모리 히토미森仁美는 환경청 관방장이다. 이는 차관, 기획조정국장을 잇는 청 내 삼인자의 직위다. 미나마타병 소송에 관해서는 이 최고 간부 세 명이 중심이 되어 대응하며 기타가와 장관의 스케줄 등을 모두 결정하고 있었다. 미나마타 시찰에는 세 명 가운데 야마노우치만 동행할 예정이어서 야마노우치는 이미 2층 방에 속옷 등을 담은 검은색 가방을 준비해놓고 있었다.

"갑작스러운 일로 모리 씨한테 미안하게 되었어."
 남편은 몇 번이고 이렇게 중얼거리며 다시 계단을 올라가 2층 방으로 사라졌다. 그러나 곧 다시 방에서 나왔다. 손에는 항공권이 쥐어져 있었다.
"무슨 일이에요, 무슨 걱정거리라도?"
"항공권을 갖고 와버렸는데 내일 일정이라 어떻게 할까 싶어서."
 도모코의 물음에 남편이 대답했다.
"그런 거라면 제가 환경청에 가져다줄 테니 전화만 해주세요."
 남편은 고개를 끄덕이고는 곧바로 관청에 전화했다.
"항공권 번호만 알면 되는 모양이니 일부러 가져다주지 않아도 괜찮소."
 수화기를 내려놓고 말하는 남편의 얼굴에 비로소 안도하는 표정이 떠올랐다.
"좀 쉬겠소."
 그리고는 세 번째로 계단을 올라갔다. 그 뒷모습을 지켜보며 도모코는 애써 불안을 억누르려고 했다. 남편은 일 문제로 아무리 큰 문제에 봉착하더라도 불안해하는 도모코에게는 언제나 이렇게 말해왔다.

"괜찮소, 나한테 맡겨두시오."

20년도 넘게 오랫동안 늘 그랬다. 그리고 항상 자신의 힘으로 그 난국을 극복해왔다.

'이번에도 틀림없이 괜찮을 거야. 맡겨둘 수밖에 없어.'

도모코는 이렇게 생각하려고 했다. 거기에는 22년의 결혼생활 끝에 다다른 남편에 대한 신뢰와 일종의 체념 비슷한 마음이 동시에 자리잡고 있었다.

'괜찮아, 맡겨둘 수밖에 없어.'

도모코는 마음속으로 다시 한번 되뇌었다.

4장

뒷모습

1959년, 2주의 연수를 끝낸 야마노우치는 의무국 총무과에 배속되어 후생 관료로서의 첫발을 내디뎠다. 복지 업무를 천직이라고 느꼈지만 소설가가 되려는 꿈도 포기하지 않았다. 일을 마치고 집으로 돌아오면 책상 대신 사용하던 귤 상자 앞에 앉아 소설을 쓰는 이중생활이 한동안 이어졌다. 머지않아 그 꿈은 그냥 꿈으로 끝난다. 그것이 과연 좌절이라는 말에 어울리는 체험이었는지 어땠는지는 확실하지 않다. 왜냐하면 야마노우치는 말 그대로 천직으로서 복지 행정에 임해 나가기 때문이다.

1961년 12월 야마노우치는 사회국 갱생과로 옮겨가 신체장애인의 보호 갱생에 주력한다. 그리고 2년 후 사회국 보호과에서 생활보호 행정에 종사한다. 이 보호과에서의 경험이 생활보호 행정에 대한 그의 깊은 통찰력을 낳는 토양이 된다. 그리고 1966년 8월 환경위생국으로 이동하고, 거기서 처음으로 공해 행정에 종사한다. 야마노우치는 스물아홉 살이 되어 있었다.

후생성의 공해 행정은 1961년 4월 환경위생국 환경위생과 안에 공해계가 신설되면서 실질적인 출발을 했다. 그때까지 환경위생과의 일이라면 이용 및 미용업계의 지도, 감독, 공중목욕탕 입욕 요금 문제 등 공해와 전혀 관련이 없는 것이었다. 공해계는 연간 예산이 35만 엔, 담당은 한 사람이었다. 위생과의 과장보좌가 겸직했다. 당시 담당자는 훗날 환경청이 발족할 때 대기보전국장에 취임하는 하시모토 미치오橋本道夫

였다. 그는 공해계의 단 한 명뿐인 담당관으로서 아직 아무도 경험한 적이 없는 공해 행정에 착수한다.[18] 3년 후인 1964년 4월 1일, 공해계는 공해과로 승격되고 과원은 여섯 명이 되었다. 초대 공해과장이 된 하시모토는 당시를 돌아보며 다음과 같이 술회했다.

> "잘 아시는 것처럼 당시는 일본의 고도경제성장이 가장 화려했던 무렵이었지요. 소득 배증 계획, 새로운 산업도시 건설 계획, 모든 것이 경제성장을 향하고 있었습니다. 저도 경제성장을 하고 싶었습니다. 후생성은 재정에 어려움을 겪고 있었고 국민건강보험은 파탄이 날 지경에 처해 있었으며 연금도 없었고 하수도나 쓰레기 소각장은 불가능했습니다. 경제 없이는 할 수 없었지요. 그런데 공해 대책을 세우게 되면 어떻게든 경제성장에 브레이크를 거는 일이 일어납니다. 그러나 당시 '아니, 공해를 생각하지 않으면 안 됩니다'라고 말하는 사람은 완전히 소수파였지요.
> 게다가 후생성의 행정이라는 건 경제계에 약합니다. 정치적으로 지원이 없지요. 정치력도 없습니다. 그래서 통상산업성이나 경제기획청과는 격이 아주 다릅니다. 그러므로 행정이라는 것은 정치경제의 배경이 없으면 아무런 소용이 없다는 것을 절실하게 느꼈지요."

일본 전체가 고도 경제성장 일색으로 물들어가는 중에 하시모토는 아무런 원조도 없이 공해 행정에 주력했다. 당연히 다양한 역풍을 맞았다. 1960년대 중반에 들어가 공해의 격화가 전국적으로 문제가 되자 하시모토 등 공해과 관료는 대기오염 대책을 위한 규제법을 만들게 되었다. 그러나 여기서도 통상산업성과의 대립이 일어난다. 통상산업성은 후생성보다 1년 빠른 1963년 4월 성 내에 산업공해과를 설치하여 공해 행정의 주도권을 둘러싸고 후생성과 종종 분쟁을 되풀이했다.

1965년 제48회 국회에서 중의원, 참의원 양원에 산업공해대책 특별위원회를 설치하기로 결정되었다. 드디어 국가가 공해 방지를 위해 움직이기 시작한 것이다. 후생성에서는 환경위생국이 중심이 되어 설치했던 공해심의회가 '공해에 관한 기본 시책'을 심의하게 되었다. 후생성의 이러한 움직임을 두고 통상산업성을 비롯한 각 성청에서는 "왜 후생성이 자신의 소관을 넘어 각 성의 소관 사항에 걸친 공해의 기본 시책에 주력하는가, 월권행위 아닌가"라고 트집을 잡는 형편이었다.[19]

이에 후생성도 어떻게든 공해 행정의 주도권을 확보하기 위해 필사적으로 노력한다. 우선 공해대책기본법 제정을 목

---

18 川名英之, 『ドキュメント日本の公害第2巻』(綠風出版, 1988), pp.15~16.
19 橋本道夫, 『私史環境行政』(朝日新聞社, 1988), p.99.

표로 하여 공해과에 성 내의 정예가 모였다. 나중에 후생성 사무차관에 취임하게 되는 고다 마사타카幸田正孝와 후루카와 데이지로古川貞二郎, 그리고 당시 환경위생과에 있던 야마노우치 도요노리도 그 '정예'의 한 사람이었다. 야마노우치는 공해과 과장보좌로서 하시모토와 함께 공해대책기본법 제정에 주력한다.

1966년 11월 22일, 야마노우치 등이 중심이 되어 작성한 공해대책기본법안의 시안 요강이 발표되었다. 이 가운데 공해대책기본법의 목적은 '공해로부터 국민의 건강, 생활환경 및 재산을 보호'하는 것이라고 기록되어 있다. 이 시안이 발표되자 통상산업성, 경제기획청, 경제단체연합회 등 이른바 고도 경제성장을 추진해온 측은 맹렬히 반대하고 나섰다. 특히 통상산업성은, 공해 대책에서는 산업, 경제의 건전한 발전과의 조화를 생각해야 한다고 강력하게 주장했다.[20]

공해대책기본법 제정을 담당한 야마노우치는 그 법률의 의의에 대해, 공해 행정에 갖고 있던 뜨거운 열정을 담아 훗날 다음과 같이 적었다.

> 공해 문제를 둘러싼 분쟁은 개인의 생활이나
> 권리 보전이라는 사권 구제의 측면에서 제기된다. 하지만
> 그 반면에 다수 주민의 생활이나 권리에 영향을 준다는
> 의미에서는 공익적인 사건이라는 성격을 아울러 갖는
> 경우가 많다. 공해를 둘러싼 고충이나 진정이 행정청에

많이 제기되고 행정청에서도 이를 처리하지 않을 수 없는 이유도 공해 분쟁의 이러한 공익성 때문이라고 해도 좋을 것이다. 하지만 현행법 아래서 행정청이 주도한 공해 분쟁 처리는 어디까지나 사실상 서비스에 그치고 있다. 그래서 오히려 공해 분쟁을 둘러싼 행정청의 입장을 제도상 공해 사건의 당사자로 하는 입법 조치를 고려해야 하지 않을까.

우선 그 하나는 행정청의 환경오염 행위 적발과 방지 조치 청구를 제도화하는 일이다. 이는 주민의 진정 등을 기초로 발동되어도 좋지만, 일정한 규모와 정도를 가진 환경오염에서 공공의 이익과 관련되는 사태에 한해 발동하는 것으로 하고, 되도록 법원 심사와 원인을 제공한 자가 강구해야 할 조치의 의무화를 입법화해야 할 것이다.

또 하나는, 특히 인신과 관련된 환경오염의 원인 규명을 행정청에 의무화하는 제도다. 지금까지 환경오염 사건에서 행정청의 활동이나 공적 비용을 들여 원인 규명 활동을 해온 예가 있지만, 이것이 해당 사건과 관련된 사법 구제에 어떻게 관여할지는 제도상 모호한 상태다. 오히려 특수한 환경오염 사건에서는 행정청에 따른 조사를 의무화하고

---

20 川名英之, 『ドキュメント日本の公害第2卷』(緑風出版, 1988), pp.82~84.

그 결과를 기초로 원인 행위자를 확정하기 위한 소송 유지를 행정청이 하는 이른바 '공해 검찰제'를 채택하는 편이 이런 유의 사회 문제에 쓸데없는 마찰을 피하는 일이 되지 않을까.

《자치 연구》, 1968년 3월 10일호 소재
「공해 문제의 법적 구제 처리에 대하여」

야마노우치는 이 논고가 시론이며 어디까지나 사견이라고 밝힌 다음 공해의 가해자 기업과 행정청의 책임을 엄격하게 언급했다. 무엇보다 행정청을 공해 사건의 당사자로 지정하고 오염의 원인 규명을 의무화하는 제도를 입법화해야 한다는 지적은 행정 담당관의 발언인 만큼 무게가 있다.

 야마노우치가 여기서 "특수한 환경오염 사건"이라고 했을 때 그의 머릿속에는 틀림없이 미나마타병이 있었을 것이다. 그 공해 환자의 구제와 공해의 원인 규명에 대해 이만큼 열렬하게 말했던 사람이 22년 후에는 정반대 입장에서 미나마타병에 대한 국가의 행정 책임을 부정한다. 그때 야마노우치 내부에서 어떤 변화가 일어났을까. 그는 22년 전에 자신이 쓴 이 글을 떠올리지 않았을까.

야마노우치가 공해과에 배속되어 기본법 제정에 주력하고 있던 1966년의 세밑이 가까이 다가온 12월 26일, 야마노우치는 후생성의 상사 니야 데쓰로神谷鐵郎로부터 히비야로 호출

되었고, 그곳에서 어떤 여성의 사진을 보게 되었다. 사진은 두 장이었다. 한 장은 기모노를 입은 모습으로, 맞선용으로 찍은 사진이었다. 또 한 장은 그 여성이 강아지와 놀고 있는 사진이었다.

"예쁘네요."

야마노우치는 이렇게 칭찬했다.

"해가 가기 전에 한번 만나보지 않겠나."

니야가 권했다. 야마노우치는 설 지나고 나서가 좋겠다고 말했지만 결국 뜻을 굽히고 관청 종무식이 열리는 12월 28일 니야의 자택에서 그 여성과 만나기로 약속했다.

이튿날인 27일, 야마노우치는 바쁘게 일하다가 짬을 내어 이발소를 찾으러 나갔다. 유라쿠초有楽町 쪽까지 걸어가 역 건물 안에서 간신히 찾아낸 이발소로 들어갔다.

'비싼 이발소에 들어왔구나.'

이렇게 생각하며 거울 앞에 앉아 내일 그 여성과 만나면 무슨 이야기를 할지 사진 속의 모습을 떠올렸다.

사진 속 여성의 이름은 다카하시 도모코高橋知子. 스물네 살. 히비야에 있는 아사히카세이 관련 회사인 아사히다우에 근무하고 있었다. 도모코에게 야마노우치를 소개한 사람은 도모코 어머니 스미코澄子의 사촌오빠 다카사키 요시히코高崎芳彦였다. 다카사키는 소화기 등을 만드는 도키와화공의 사장으로, 니야의 형이 이 회사에 근무하고 있었다.

다카사키가 니야에게 "우리 친척 중에 참한 아가씨가 있는데"라며 이야기를 꺼냈고 니야가 "저희한테도 천하일품인 총각이 있는데요"라고 대답한 것이 계기가 되어 이번 맞선 이야기로 발전한 것이다.

다카하시 도모코는 1942년 1월 24일, 기후현 이비군 이케다초 구사부카에서 아버지 시즈오靜夫, 어머니 스미코의 장녀로 태어났다. 아버지는 아사히카세이에 근무하는 엔지니어였다. 아버지가 직장 관계로 일본 각지를 전전했기 때문에 도모코도 학창 시절에는 미야자키, 시즈오카로 전학을 되풀이했다. 도모코도 야마노우치와 마찬가지로 몸이 그다지 건강한 편이 아니어서 중학교 1학년 때에는 심한 폐렴에 걸려 학교를 1년이나 쉬었다. 그때 치료를 위해 맞은 스트렙토마이신의 영향으로 귀가 조금 안 좋아졌다. 시즈오카의 현립요시와라고등학교를 졸업한 후 쇼와여자대학 문가정학부에 입학했다. 1965년 대학을 졸업하고 아사히카세이 도쿄 사무소에 입사했다. 당시에는 산겐자야三軒茶屋에서 하숙을 하며 배속된 아사히다우 관리실에서 근무했다.

12월 28일, 그날의 일을 마친 도모코는 당시 히가시쿠루메시東久留米市 히카와다이氷川台에 있던 니야의 자택으로 서둘러 가고 있었다. 확실한 맞선이라는 형식을 취하지는 않았는데 상대도 그런 생각으로 오는 것이라고 들었다. 그때까지도 몇 번인가 맞선을 봤지만 잘 되지 않아 이번에도 그다지 내키지 않았으나 친척의 소개여서 거절할 수가 없었다.

니야의 집에 먼저 도착하여 음식 준비를 도우며 기다리고 있으니 잠시 후 현관문이 열리는 소리가 들렸다. 몸집이 작은 청년은 도모코에 대해 묻지도 않고 자신에 대한 이야기도 하지 않은 채 그 집 아이들과 즐거운 듯이 놀기만 했다.

'틀렸구나······.'

도모코는 곧바로 이렇게 생각했다. 그럭저럭하는 사이에 시간이 지나고 맞선은 불발인 채 두 사람 모두 돌아가게 되었다. 일단 서로 소개는 했지만 도모코는 아직 그 청년의 이름도 제대로 기억하지 못하고 있었다. 그때까지 거의 말도 주고받지 않은 두 사람은 현관에서 니야 가족에게 작별 인사를 하고 역까지 잠자코 걸었다. 두 사람 사이에 어색한 분위기가 흘렀다.

'이런 거라면 오지 말았어야 했는데.'

도모코는 다시 한번 생각했다. 히가시쿠루메역에 이르러 시부야까지 가는 표를 사려고 했는데 지갑 안에 잔돈이 없었다. 난처해하고 있으니 야마노우치가 돈을 빌려주었다.

"고맙습니다."

감사 인사를 하고 표를 사서 이케부쿠로행 전차를 탔다. 남자가 어디에 살고 있는지 아직 듣지 못했지만 조용히 따라오는 걸 보니 바래다줄 참인가 하고 생각했다.

아무래도 이 사람은 맞선도 전혀 내켜 하지 않는 것 같고, 그렇다면 두 번 다시 만날 기회가 없을지도 모른다. 대단한 액수는 아니지만 돈을 빌린 것이 마음에 걸렸다. 돈을 그대로 돌려주면 실례일까. 역시 손수건이나 뭔가를 사서 감사 표시를 해야 하나. 이런 생각을 하는 사이에 두 사람은 시부야역에 도착했다. 개찰구를 나가자 야마노우치는 느닷없이 도모코에게 작별을 고했다.

"그럼 이만."

도모코는 깜짝 놀랐다. 이미 밤도 늦었고 아무리 정식 맞선이 아니었다 하더라도 일단 선을 본다는 걸 의식하고 만났으므로 당연히 어딘가 차분한 데서 이야기를 나눈다거나 적어도 집까지 바래다준다거나 할 줄 알았다. 그런데 느닷없이 "그럼"이라는 건 너무하는 거 아닌가. 무엇보다 나는 아직 이 사람의 이름조차 제대로 모르는데. 화가 나기보다는 한심하다는 생각이 앞섰던 도모코는 그렇다고 데려다 달라고 할 수도 없어서 인사를 남기곤 씩씩하게 달려갔다.

"그럼 안녕히 가세요."

산겐자야행 버스 불빛이 멀리 보였다. 도모코는 버스 정류장까지 뒤도 돌아보지 않고 달렸다. 연말에 누마즈의 부모 집으로 돌아간 뒤로는 이 맞선을 까맣게 잊어버렸다.

1967년 새해가 밝았다. 시무식이 다가와 하숙으로 돌아온 도모코는 우편함에 쌓여 있던 연하장을 가져와 훑어보다가 낯선 글자를 보고 문득 손을 멈췄다. 연하장의 보낸 사람 난에는 야마노우치 도요노리라고 쓰여 있었다. 겉치레 말이라도 잘 썼다고는 할 수 없는 아주 독특한 글씨였다.

새해 복 많이 받으세요.
작년 니야 씨 댁에서는 음식 시중까지 들어주시고
대단히 폐가 많았습니다.
후지에서의 새해는 어떠셨습니까?
도쿄도 설날부터 비가 내려 묵은해에 결국 손을 대지
못했던 연하장을 쓰기에 안성맞춤인 날씨입니다.
하지만 설날부터 일이 바쁠 것 같은 탓도 있어서
어쩐지 난감한 연초입니다.
1967년 설날

12월 28일, 시부야에서 도모코가 달려가는 모습을 지켜본 야마노우치는 곧바로 귀가하지 않고 신주쿠에 있는 단골 술집 '쓰쓰이'로 걸음을 옮겼다. 밀린 외상값을 갚으러 가야 하기도 했지만 머릿속을 좀 정리하고 나서 귀가하고 싶은 것이 솔직한 심정이었다.

'오늘 둘이서 무슨 이야기를 했을까……'

니야 씨 집의 현관문을 열었을 때 그 사람 것인 듯한 구두가 눈에 들어왔는데 그것이 검은색이 아니었던 점에 까닭 없이 안도했다. 그 갈색 구두를 보고 무슨 영문인지 '아, 이 사람도 교제상 어쩔 수 없이 온 것이구나' 하고 생각했다.

그 사람은 몇 년 전에 죽은 새와 새 모이 만드는 방법 같은 것을 열심히 이야기했다. 차 운전은 할 줄 알지만 면허는 따지 못했다고 했을 때 몹시 지기 싫어하는 여성이구나 하고 생각했다. 그런 것을 떠올리며 야마노우치는 카운터에서 잠시 술을 마시고 나서 하숙집으로 돌아갔다.

12월 30일, 야마노우치는 일부러 후생성 공해과로 가서 니야에게서 건네받은 도모코의 사진을 갖고 하숙집으로 돌아왔다. 이날은 하숙방에서 사진을 보며 지냈다.

그날 밤 동료와의 송년회에 참석한 야마노우치는 그 자리에서 "내년에는 결혼할 거다"라고 선언했다.

31일, 야마노우치는 하숙방 대청소를 했다. 도모코가 찾아올 날을 생각하고 소설을 쓰기 위해 책상 대신 사용하고 있던 귤 상자에 예쁜 벽지를 발라 장식했다.

도모코가 받은 인상과는 달리 야마노우치는 그때 이미 마음속으로 결혼이라는 두 글자를 크게 부풀리기 시작했던 것 같다. 그러는 사이에 한 해가 저물었다. 야마노우치는 몹시 망설인 끝에 도모코에게 연하장을 보냈다.

새해가 되었다. 야마노우치는 도모코에게서 연하장이 오지 않은 설을 불안한 마음으로 보냈다.

'그녀를 위해 뭔가 기념이 될 만한 작품이라도 쓸까.'

이런 생각을 하며 유쾌해지기도 하고 슬퍼지기도 하는 사이에 일이 시작되고 말았다. 8일이 되어 반쯤 포기하고 있던 야마노우치에게 도모코의 연하장이 도착했다.

새해 복 많이 받으세요.
연하장, 기쁜 마음으로 받았습니다. 혼자 맞이한 설은
어떠셨는지……. 아마 여러 가지 계획으로 마음이
들떠 있으시겠지요.
저번에는 대단히 실례가 많았습니다. 갑작스러운 일로
여러 가지로 당황하여 폐를 끼친 일은 사과드립니다.
첫 출근에 지각하는 형편이라 올해도 걱정입니다.
바쁘실 줄 압니다만 건강에 유의해서 분발하시기 바랍니다.
저도 지지 않고 열심히 하겠습니다.

내용을 몇 번이고 되풀이해서 읽으며 야마노우치는 여러 가지로 분석하고 추측했다.

"여러 가지 계획으로 마음이 들떠 있으시겠지요"라고 마치 남의 일처럼 쓰다니, 괘씸한 여성이라며 화를 내보기도 했다. 야마노우치에게 올해의 계획은 두 사람의 **장래**를 의미했다. 그러나 그녀의 글씨를 되풀이해 보면서 결혼하면 연하장 쓰는 일을 맡길 수 있겠다고 생각하며 안심했다.

1967년 1월 14일 토요일. 이날 정오에 일을 마친 두 사람은 히비야의 니치도 화랑에서 만나기로 했다. 도모코는 그림 보는 걸 좋아했다. 직장이 히비야의 미쓰이 빌딩에 있기도 해서 점심시간에는 얼른 밥을 먹고 히비야 일대의 화랑을 돌아다니는 것이 도모코의 즐거움 중 하나였다.

화랑에는 야마노우치가 먼저 와 있었다. 두 사람은 잠시 그림을 보고 나서 밖으로 나가 점심을 먹기로 했다. 야마노우치는 도모코를 근처 장어집으로 데려갔다. 도모코는 장어를 무척 싫어했지만 앞서 걷는 야마노우치를 따라 가게 안으로 들어갔다. 자리에 앉자 야마노우치는 가슴 호주머니에서 봉투를 꺼내 테이블 위에 미끄러지듯 밀며 도모코 쪽으로 보냈다.

"이런 사람입니다."

야마노우치가 말하며 고개를 숙였다. 봉투 속 내용물은 야마노우치의 신상명세서였다. 세로 편지지 일곱 장에 파란색 만년필 글씨로 가족, 경력, 취미 등이 빽빽하게 쓰여 있었다. 연하장과 마찬가지로 아주 특징적인 망가진 글씨다. 네 장째부터는 편지지 오른쪽 구석에 ㊙ 마크가 찍혀 있고 다음과 같이 적혀 있었다.

㊙

취미: 원고지 채우기

지망: 초등학교 시절 – '유명한 사람'. 다만 졸업식에서
      답사하는 사람으로 뽑히지 못함
      중학교 시절 – '시인'. 잡지와 신문에 투고,
      뽑히거나 격찬을 받은 일 있음
      고등학교 시절 – '소설가'. 문예부 잡지의 광고를
      따기 위해 고생하는 것이 힘들어서 탈퇴
      대학교 시절 – '우등생'. 고향의 요망이 무거워
      약간 노이로제 기미, 법학부 성적은 열등생

왜 공무원을 지망했습니까 –
공무원 시험 성적이 너무 좋았기 때문에
왜 후생성을 희망했습니까 –
수재가 그다지 몰리지 않을 것 같아서

좋아하는 것:
    바라보는 것 – 구름
    보는 것 – 드가, 스즈키 신타로[21], 젠신자[22]
    마시는 것 – 월급날 이후 브랜디, 진, 친자노
    월급날 이전 커피, 초콜릿 파르페, 단팥죽
    지금도 기억하고 있는 영화 – 〈12인의 성난
    사람들〉[23] 〈이토록 긴 부재〉[24] 〈나쁜 놈일수록
    잘 잔다〉[25] 〈타인의 얼굴〉[26]
신앙: 할아버지의 유교주의 가정교육과 중학교 시절의
    그리스도교주의 교육을 받아 동물 애호와 인간
    존중을 신조로 삼지만 선천적인 자애심 때문에
    신은 오히려 부주의하고 무신경한 창조주로서만
    인식하며 오늘에 이름
정치사상: 다소 신중하지 못하고 가벼운 느낌이 있지만
    대체로 진보적 온건파, 다만 입후보할 때는
    스스로 정당을 조직할 생각

야마노우치는 이날의 데이트를 일기에 이렇게 적었다.

14일. 첫 만남. 정말 전날 밤은 잠들지 못하고 그런 보잘것없는 메모를 하거나 하며 3시 반까지 깨어 있었습니다. 니치도 화랑에서 만나기로 했는데 10분이나 늦게 와서 상당히 애가 탔습니다.
그림에 꽤나 조예가 깊은 여성이어서 어쩐지 두려운 생각을 하며 도쿄 시내를 **헤매고 다녔습니다**.
여성을 데리고 어떻게 걸어야 할지 몰라 정말이지 제정신이 아닌 겨울 산책이었습니다.
이야기를 하니 두려운 기분이 들어 당신이 영화를 보자는 말을 해주지 않았다면 어딘가에 선 채 꼼짝하지 못했을지도 모릅니다.
두려운 마음이 든 이유는 지금도 잘 모르겠습니다.
여성, 게다가 젊은 여성과는 30분만 이야기하면 대체로 **이유를 알 수 있다**고 믿고 있었는데 당신의 사고방식에는 영문을 알 수 없는, 그런데도 조금은 알 것 같기도 한 신기한 어둠이 있었습니다.
나 이상으로 염세적인 점이 있기도 해서 결국 나의 염세적인 사고를 구원해줄 여성이 아닐까 생각하기도 했습니다.
이 상태로는 앞으로 만날 때마다 생각할 일이 늘어나 도저히 공해대책기본법 같은 걸 따질 계제가 아닌 것 같아 우울합니다.

야마노우치가 근무하는 후생성도 히비야에서 가까웠기 때문에 두 사람은 점심시간에 같이 식사를 하고 화랑을 돌아다니는 데이트를 거듭했다.

그 무렵부터 야마노우치는 항상 일로 바빠 데이트 약속 장소에 서류나 원고지를 잔뜩 싼 보자기를 들고 왔다. 일이 끝난 뒤에 만나도 야마노우치는 카페에 앉아 보자기를 풀고 도모코 앞에서 일을 계속했다. 도모코는 그런 야마노우치를 잠자코 지켜봤다. 가게 문이 닫히는 시간까지 그러고 있다가,

"그럼."

하고 헤어졌다. 그런 이상한 데이트가 이어졌다.

'어쩜 이리 멋없는 사람이란 말인가.'

큰 보자기를 들고 걷는 야마노우치를 옆에서 보며 도모코는 생각했다.

그 무렵 야마노우치는 후생성 일에 몰두하고 있어 원고지를 향하는 일도 적어졌다. 시나 소설을 쓰는 생활에서 꽤나 멀어지고 만 것 같았다. 그러나 당시의 일기 첫 페이지에 1967년 1월 18일이라고 날짜가 적힌 시가 딱 한 편 남아 있다.

시 제목은 「당신을 만나면」이다.

---

21 鈴木信太郎. 서양화 화가.
22 前進座. 가부키 극단.
23 12 Angry Men(1957). 배심원 제도를 다룬 법정 영화.
24 Une Aussi Longue Absence(1961). 마르그리트 뒤라스 원작.
25 悪い奴ほどよく眠る(1960). 구로사와 아키라(黒澤明) 감독 작품.
26 他人の顔(1966). 아베 고보 원작, 데시가하라 히로시(勅使河原宏) 감독 작품.

당신을 만나면
당신을 만나지 못하게 될 날이 두려워
언제까지고 이야기하고 싶어져 괴롭다
그리고 당신과 이야기하면
당신과의 따분할 만큼 긴 나날이 두려워
이야기를 남겨두려고 괴롭다

서른 살이 되어 처음으로, 그리고 아마도 마지막으로
짓는 시. 열다섯 살 때 단아함의 절반도 안 되는
시여서 미안하다.

몇 번째인가의 데이트 때였다. 평소처럼 화랑에서 그림을 본 두 사람은 카페로 들어갔다. 거기서 야마노우치는 아무렇지 않게 자신의 일을 언급하며 말했다.

"나는 상급공무원시험을 봐서 2등으로 합격했소. 하지만 무슨 일이 있어도 복지 업무를 하고 싶어서 스스로 후생성을 골라 들어온 거요."

이런 이야기를 들었을 때 이상하게도 도모코에게는 자랑으로 들리지 않았다.

'신념을 갖고 있는 사람이구나.'

도모코는 순수하게 생각했다. 그때 이미 멋없고 서투른 야마노우치를 사랑하기 시작했는지도 모른다.

1967년 3월, 도모코는 아사히다우를 퇴직하고 결혼 준비를 위해 일단 누마즈의 본가로 돌아갔다. 두 사람의 데이트는 오로지 전화와 편지가 중심이 되었다. 그 무렵 야마노우치는 공해대책기본법을 만드느라 한창 바빴지만 거의 매일처럼 편지가 누마즈와 도쿄 사이를 오갔다.

법안 제정으로 철야 작업을 계속 이어가던 야마노우치는 도모코에게 보내는 편지에서도 이 기본법에 대해 종종 언급했다.

> 여전히 바빠 미안하지만 어제부터 공해대책기본법
> 법안의 법제국 심사가 시작되어 법률 제정 전문가의
> 상세한 심사에 진땀을 흘리며 분발하고 있습니다.
> 이 상태라면 5월 초의 국회 제출을 예정대로 실현할 수
> 있을지 걱정됩니다(국민 여러분께). 여유가 생기지
> 않는 것이 유감스러울 뿐입니다(국민 여러분께).
> 1967년 4월 8일

> 귀가했더니 12시 반입니다. 데이트하고 귀가해서
> 늦어지는 것과 달리 '공해 방지를 위한 시책'이라는
> 말이 좋은지 '공해 방지에 관련된 시책'이 좋은지,
> 또는 '공해 방지 시책'이 좋은지, 그냥 '공해 대책'으로
> 하자는 등 아무래도 좋아 보이는 것에 한 시간이고
> 두 시간이고 의논하고 돌아오는 야심한 밤길은

전혀 무드가 없습니다. 그렇지만 법률을 만드는 일의
어려움도 재미도 뜻밖에 이런 데에 있기 때문에
당사자들은 재미있다는 듯이 아주 진지하게 논의하고
있으니 어쩔 수 없는 일입니다.
4월 14일

월요일은 모처럼의 환대를 받은 바 유감스럽기도 하고
미안하게 생각하고 있습니다. 아무쪼록 여러분께
안부 좀 전해주십시오.
월요일부터 매일 아침 출근 시간이 빨라졌습니다.
그렇다고 해도 8시 30분 출근인데 회의가 거의
하루종일 이어지고, 저녁에는 빨리 퇴근할 수 있지만
아주 녹초가 됩니다.
방위청에 가서 전차戰車 소리는 공해인가 아닌가를
논의하기도 하고 행정관리청에 불려가 **공해대책심의회**를
신설할 테니 공해심의회(지금 후생성에 있는 것)를
폐지하라고 야단을 맞기도 합니다. 게다가 산업계에는
공해 문제를 후생성의 손에서 떼어놓으려고 하는
움직임이 강하기 때문에 여러 가지로 마음이 피폐해지는
해산달(기본법의)입니다.
잘 되면 내주쯤 정부 안이 정리될 것이기에 기자회견을
할 수 있을 것 같습니다. 그때는 후생성 기자회견실에서
텔레비전으로 대면할 수 있을지도 모릅니다(물론

브라운관 구석일 테니 그럴듯한 모습이 스쳐 지나가는
정도이겠지요).
발표하면 또 그것으로 아주 바빠집니다. 국회에서
심의가 끝나는 날이 언제쯤일까요. 너무 바쁜 일은
말하지 않기로 하지요.
4월 19일

28일에는 오랜만에 둘이서 식사를 할 수 있어 무척
즐거웠습니다. 하지만 정말 분주해서 미련이 남습니다.
오후 일이 밤 10시까지 계속되어 오늘도 이제야
나가는 참입니다. 약속한 3일, 5일도 불안합니다.
사토 내각의 체면을 걸고 12일 국회에 제출하게
되었는데 법안 문구도 아직 정해지지 않았고 앞으로
여당과 절충도 해야 하기 때문에 달력의 빨간 글자도
파래집니다. 만났을 때도 바쁘다고 해서 비웃음을
샀습니다만, 무척이나 분주해도 힘을 내고 있으니
힘껏 응원해주시기 바랍니다. 관리 생활을 되도록
바쁘지 않게, 큰 과실 없이, 라는 신조를 가진 사람도
적지 않습니다. 하지만 역시 때로는 골치 아픈 일에
쫓기는 것도 관리이기에 느낄 수 있는 행복이고,
그런 점에서는 기뻐하고 있습니다.
4월 29일

훈풍이 분다고는 말할 수 없지만 5월다운 밝은
아침입니다. 달이 바뀌자 창으로 보이는 잉어 드림이
펄럭이는 것까지 신선하게 느껴지니 사람의 기분도
참 묘합니다.
어제는 할머니가 후쿠오카에서 특별히 전화를 해와
앨범을 정리해 보내주겠다며 아주 의욕적인 모습을
보였습니다. 오랜만에 할머니의 목소리를 들으니
노인의 이상한 밝음 같은 것을 느끼고 기뻤습니다.
그렇긴 하지만 "너는 야무진 데가 없는 얼굴이라서
제대로 나온 사진만 골랐으니까"라고 말하는 것을
들으니 누군가에게 새우등이라는 말을 들었을 때처럼
선뜩합니다. 그런데 할머니에게는 돌아가신 아버지가
마음에 들었던 모양으로 이것저것 아버지와 비교해서
생각하시는 것 같습니다. 자신은 장남이라 부모를
모셔야 한다는 것이 아버지의 입버릇이었다고
합니다만, 사실 아들 하나만 남기고 돌아가셨으므로
결코 효도를 한 것으로 보이지는 않습니다.
그런데도 할머니와 생전의 할아버지는 여러 가지로
장남을 칭찬해서 남아 있는 숙부들의 기분을
언짢게 하는 일도 있습니다.
할머니는, 말로는 데려온다고 해도 앉을 데가 없다고
하시지만 당신의 얼굴을 보고 싶어 하시는 것 같습니다.
나이가 들면 입이 거칠어지는데 당신 사진(이라고 해도

두 장을 보냈을 뿐인데)을 몹시 칭찬해서 어쩐지
기분이 좀 나빠질 정도입니다.
어쨌든 한번 돌아가고 싶다고 생각합니다만,
5월 중에는 힘들 것 같습니다. 20일 지나 구마모토의
미나마타병 자료를 모으러 출장을 가야 하는데
이번에도 저번의 야마구치행과 마찬가지로
다른 사람으로 바뀔 것 같습니다. (후략)
5월 1일

야마노우치의 일기나 편지에 '미나마타병'이라는 단어가 쓰인 것은 이것뿐이다. 당시 구마모토에 더해 니가타에서도 미나마타병이 발생하여 큰 사회문제가 되었다. 그런데 그 원인 물질에 대한 정부의 견해조차 아직 나오지 않아 행정의 무위무책에 비판이 집중되었다.

야마노우치에게 그 미나마타행은 후생성에 들어가고 나서 처음으로 미나마타병 문제를 직접 접할 기회였다.

귀가하니 새벽 1시가 지났습니다. 그래도 내일 하루
몫의 일거리는 잔뜩 들고 돌아왔습니다. 아무래도
1967년의 황금연휴는 두 사람의 빛나는 오월의 날이
아니라 공해 기본법을 만드는 지상 최대의 작전—
원제 '가장 긴 하루'가 될 것 같습니다.
오늘의 각 성 연락회의는 이미 진흙탕 싸움이었습니다.

오늘 아침 뉴스는 통상산업성의 작전이겠지요.
그런 일은 없습니다. 그보다 어제 아사히신문
석간 기사는 총리부가 쓰게 한 것일 겁니다.
아니, 그것은 전적으로 곤란한 이야기입니다.
중요한 내용에 대한 논의는 뒷전으로 돌린 논전입니다.
이래서야 정부의 최종안이 나올 것인가 하고
빨간 넥타이의 양심파―야마노우치 도요노리 씨를
말합니다―는 우려하는 얼굴로 회의 진행을 지켜보고
있습니다. 유감스럽게도 너희들은 진짜 공해를
없앨 마음이 있는 거야, 하고 큰소리로 발언할 만큼
대단한 사람은 아니지만 말이지요. 사회자(총리부)의
요구에 따라 극히 기술적인 견지에서 설명을 더할 뿐인
관찰자로서 상당히 높은 데서 말하고 있으니까
전화 왔습니다(물론 누마즈국 같은 데서) 하고
누가 불러도 중단할 수 없는 사정이기 때문에
혹시나 해서.
5월 2일

5월 들어 야마노우치는 기본법 대책 업무의 과로로 어렸을 때 앓았던 골수염이 재발한다. 아픈 다리를 질질 끌며 그는 연일 심야에 이르기까지 법안 제정에 임했다.

내일 각의에 제출까지 하게 되어 기본법 소동도
드디어 1라운드가 끝납니다. 바쁘고 다리가 아파서
당신에게 편지를 쓰는 게 내키지 않았지만, 일단
안심한 탓인지 통증도 가벼워져 쓸 마음이 들었습니다.
당신에게 걱정을 끼치는 것이 두려운 마음과
당신이 걱정해주었으면 싶은 마음이 뒤섞인 묘한
기분이었습니다만, 전화로 목소리를 듣고 괜시리
안심했습니다.
다리 한두 개쯤이라고 생각하는 일도 있습니다만,
오히려 몸은 본인보다 옆에 있는 사람이 더 난처한
일이기 때문에 때때로 당신이 어떻게 볼까 생각하며
지난 이삼일을 보냈습니다. 이미 17년도 더 된
과거의 골수염이라서 모두 어렸을 때의 병이라고
믿고 있었기 때문에 솔직히 다소 충격을 받았습니다.
5월 15일

전화로 확인했더니 기본법은 무사히 각의 결정되었다고
합니다. 드디어 다음 주쯤부터 국회 심의입니다.
공해 관계는 위원장이 사회당이므로 실컷 괴롭히겠지요.
인쇄하면 열 페이지밖에 안 되는 법률이지만 작년 8월에
공해과로 와서 공해심의회의 답신—후생성 시안,
각 성 연락회의안, 법률안 제정 등 열 달 가까이 만든,
나 혼자만의 작품은 아니지만 역시 완성되고 보니

감개무량합니다.

물론 법률 제정은 우선 정책 문제입니다.

'사람의 건강을 보호하고 건전한 경제 발전과의 조화를 꾀하며 생활환경을 보전하고…… 이것은 후생성 시안에서는, 사람의 건강을 보호하고 그 생활환경을 보전한다……'라고 되어 있지만 조화라는 이름 아래 인간 본위의 공해 대책이 후퇴한다고 하면 법률의 한마디는 무서운 것입니다.

이번 일로 절실하게 생각한 것은, 먼저 산업계는 의외로 국가를 신뢰하고 있지 않다는 점입니다. 후생성이 중심이 되어 공해 대책을 추진한다는 것만으로 이렇게나 저항이 있다는 걸 생각하면 일본 경제의 국가 불신 같은 게 느껴져 소름이 끼칩니다. 자본가와 혁신 정당이라는 양극단이 각각 국가 불신 사상으로 똘똘 뭉쳐 있는데도 용케 정부가 유지되고 있구나 하고 감탄합니다. 또 하나는 관리가 열심히 한다는 점입니다. 아무튼 모이기만 하면 게거품을 물고 격렬한 논쟁을 벌입니다. 그럼 이쯤에서, 라는 말은 아무도 하지 않으니 정말 대단한 사람들입니다. 관리는 게으름뱅이라고들 합니다만, 웬걸 오히려 일을 아주 열심히 합니다. 그렇지만 다들 뜻을 굽히지 않아서 고생하는 것이 후생성입니다. 결국 조정하는 사람의 달갑지 않은 역할이겠지요. 저도 마음이 느긋한 편이 아니었지만,

덕분에 여러 가지 논의를 참을성 있게 듣는 기술만은 몸에 익혔기 때문에 앞으로 관방장관 정도는 될 수 있겠지요.
5월 16일

야마노우치가 도모코에게 보낸 편지에 적었던 공해대책기본법 제정의 어려운 점에 대해 그의 상사 하시모토 미치오 공해과장(당시)은 다음과 같이 말했다.

"기본법이 만들어지는 과정에서는 굉장히 시달렸습니다. 그것도 완전히 반대쪽에서 괴롭혔지요. 산업계는 '너는 너무 엄격하다. 빨갱이 아니냐. 무정부주의자의 동조자 아니냐'라고 하고, 이쪽 주민운동 측은 '너는 자본주의의 똥개다. 기업의 앞잡이다'라고 비난하는 겁니다. 그런데 잘 생각해보면, 역시 그들이 화를 내는 것은 "굉장히 좋은 일"이라고 생각했습니다. 자신이 올바른 일을 하고 있고 양쪽에서 반대되는 조건으로 화를 낸다는 것은 환경공해 행정에 극히 필요한 조건이라고 생각한 거지요."

야마노우치가 이번 법안 제정에 대한 다양한 압력을 "소름이 끼친다"고 표현한 것에 비해 하시모토는 그 압력을 행정에 필요한 것으로 생각하고 "굉장히 좋은 일"이라며 받아들인다. 이 차이는 두 사람의 행정이라는 일에 대한 자세의 차이, 인간의 자질 차이에서 온 것이다. 하지만 그 후 두 사람이 나아간 방향의 차이를 생각하면 이 시점에서의 인식 차이는 무척 흥미로운 점이 있다.

(도모코가 보낸 편지)
"공해는 질색이다"라는 신문의 표제어, 인간 소외도
이만저만이 아니네요. 새삼스레 문제의 크기에 놀랍니다만,
여기서 조용히 일어선 사람이 누구인지 **생각**하면
대단히 영웅으로 여겨지기에 신통합니다(경사스럽지요).
영웅인 당신이 불안한 소리를 내기에 꿈도 희망도
무너집니다. 오랫동안 통원 치료를 받아야 하겠네요.
누군가의 웃는 얼굴보다 의학을 능가하는 것은
없을 겁니다. 아무쪼록 완치할 때까지 서두르지
마시기 바랍니다.
5월 15일

병세가 어떤지 편지로는 알 수 없지만 골수염은
만성병이니 시간이 걸리겠지요. 처음부터 그런 각오로
시작하지 않으면 안 될 겁니다. 과로와 영양 불균형이
원인이라니, 역시 제가 걱정했던 일이 사실이군요.
여기서 몇 번이고 같은 말을 해봤자 소용없겠지만
자신을 위해서는 물론이고 옆에 제가 있다는 사실을
잊지 말라고 덧붙여 말해둡니다.
신문이나 잡지에 여러 가지로 떠들썩합니다. 국민의
한 사람으로서 그림의 떡이 되지 않았으면 싶고,

정말 구세주가 되어주었으면 하는 마음이 절실합니다.
그것 때문에 당신이 이렇게 된 일은 다소 아쉽지만요.
5월 17일

그 후 야마노우치는 골수염이 악화되어 2주일 동안 입원하여 치료에 전념하게 된다. 그의 미나마타행은 결국 실현되지 못했다.

7월 21일, 공해대책기본법은 국회에서 가결되었다. 통상산업성과 경제단체연합회의 압력 속에서 난산 끝에 탄생한 법률이었다. 야마노우치가 도모코에게 보낸 편지에서 언급한 것처럼, 이 법률의 목적 규정에는 "건전한 경제발전과의 조화를 꾀하며"라는 문장이 쓰였다. 공해 행정의 바이블이라고도 해야 할 기본법에 '경제'라는 한 단어가 새겨진 것은 아주 큰 의미를 띠는 사건이었다. 그 이후 공해 행정은 늘 국가나 기업의 경제발전과 국민의 건전한 생활 사이에서 흔들리며 나아간다.

춥고 혹독한 날씨에 건강히 잘 지내고 계십니까.
이번에 도키와화공 사장 다카사키 요시히코 부부의
중매로 저희가 결혼식을 올리게 되었습니다. 그런 고로
당일 조촐한 피로연을 열 생각이니 바쁘시더라도
꼭 참석해주십시오. 이에 안내해드립니다.

일시: 3월 10일 일요일 정오부터 결혼식
     오후 1시부터 피로연

장소: 지쿠에이
     시즈오카현 누마즈시 아게쓰치초
     1968년 2월 길일

야마노우치 도요노리
다카하시 도모코

1968년 3월 10일 일요일. 맑음. 야마노우치 도요노리와 다카하시 도모코는 도모코의 친정이 있던 시즈오카현 누마즈시에서 결혼식을 올렸다. 도요노리는 31세, 도모코는 26세였다. 식은 참석자 서른 명 정도, 도모코의 친척과 친구들, 하시모토 미치오 등 후생성 관계자를 초대하여 조촐하게 치러졌다.

  신혼여행은 하코네箱根로 갔다. 3월 10일, 11일 하코네에 묵은 후 12일에는 이즈伊豆로 향할 예정이었다. 식을 끝내고 하코네마치에 있던 우바코 호텔로 이동한 두 사람에게 한 통의 전화가 걸려왔다. 후생성에서였다. 무슨 일이 있어도 내일 야마노우치가 후생성으로 나와주었으면 한다는 것이었다. 신혼여행지까지 호출 전화를 걸어오는 것에 도모코는 깜짝 놀랐지만, 여행을 끝내고 도쿄로 돌아가자고 말한 남편에게 더욱 놀랐다. 하지만 일 때문이라고 하면 도모코로서는 도저히 거스를 수 없었다. 두 사람은 도쿄로 돌아가기로 했다. 11일, 둘이 함께 아시노 호수에서 유람선을 탄 것이 도모코에게는 신혼여행의 유일한 추억이 되었다.

도쿄로 돌아온 두 사람은 구단시타九段下의 지도리가후치千鳥ヶ淵에 있던 페어몬트 호텔에 숙박했다. 이튿날 아침, 야마노우치는 호텔에서 후생성으로 출근했다. 도모코는 출근하는 남편의 뒷모습을 바라보며 절실히 생각했다.

'이제 시작인가…….'

이날부터 22년에 걸친 관료의 아내로서 도모코의 생활이 시작되었다. 그것은 수천 번 되풀이해서 남편의 뒷모습을 보며 배웅하는 일의 시작이기도 했다.

남편은 도모코에게 아무런 주문도 하지 않았다. 이렇게 해주었으면 한다는 주문도, 그런 것은 하지 말았으면 좋겠다는 불평도 하지 않았다. 어떤 의미에서는 시시할 정도로 자상한 사람이었다.

함께 살아보니 남편은 도모코가 생각했던 것 이상으로 과묵했다. 특히 일에 대해서는 일절 말하려고 하지 않았다. 자기 혼자 완결되어 있었다. 귀가해도 아무 말 하지 않는 남편에게 도모코는 종종 이야기 좀 해달라고 간청했다. 그때마다 남편은 대답했다.

"응……. 하지만 집에서 일 이야기는 하고 싶지 않소."

일이 생활의 전부인 사람이었기 때문이다. 그렇게 되면 집에서는 거의 대화다운 대화가 성립하지 않게 된다. 남편이 무슨 일을 하고 무엇에 주력하고 무엇을 고민하고 있는지 전혀 모르는 상태가 이어졌다. 어느 날 불안해서 반쯤 노이로제 상태가 되기 시작한 도모코는 이불 위에 무릎을 꿇고 앉아 귀가한 남편과 마주하고 앉았다. 눈에서 눈물이 흘렀다.

"제발 부탁이니 오늘 있었던 일을 뭐라도 좀 얘기해주세요. 뭘 먹었다든가, 뭘 읽었다든가 하나하나 얘기해주세요."

깊이 생각하고 말을 꺼낸 도모코에게 건네는 남편의 대답은 늘 같았다.

"응, 하지만 이야기하고 싶지 않소."

도모코는 그 대답을 듣고 결단을 내렸다.

"알았어요. 그러면 오늘부터 각방을 쓰기로 해요. 안녕히 주무세요."

이렇게 말하고는 자신의 이불만 들고 옆방으로 가버렸다. 아닌 게 아니라 남편은 놀랐는지 난처한 표정으로 도모코의 뒤를 따라왔다.

"그러지 마시오."

도모코의 이불 옆까지 온 남편은 정말 어떻게 해야 좋을지 모른 채 우두커니 서 있었다. 신혼 때는 도모코도 이렇게 저항해봤지만 얼마 지나지 않아 체념하지 않을 수 없었다. 남편은 도무지 입을 열려고 하지 않았다. 그 거절은 뭔가 신념에 뿌리를 두고 있는 것 같았다. 머지않아 도모코는 귀가한 남편의 표정을 보고 '오늘은 일이 잘 풀렸구나'라든가 '지금은 일이 잘 안 되는구나'라고 상상함으로써 자신을 납득시키게 되었다.

아주 가끔이기는 하지만 식후에 둘이서 차를 마시고 있으면 후생성 관련 잡지에 쓴 에세이를 탁자 위로 꺼내서는 도모코 쪽으로 쓱 내미는 일이 있었다. 읽어보라는 것도 아니고 감상을 말해달라는 것도 아니었다. 하지만 그럴 때의 남편은 어딘가 행복해 보였다. 도모코는 이것이, 서툰 이 사람이 보여주는 최대한의 애정 표현이라고 생각했다.

어느 날 남편은 도모코에게 말했다.
"당신은 좀 더 단순한 남자와 결혼했으면 좋았을 텐데."
"그럼 당신은 왜 저하고 결혼했어요?"
도모코는 환하게 되물었다. 처음에는 대답을 주저하던 남편이 이윽고 농담을 섞어 말했다.
"처음 만난 날 시부야역에서 버스정류장을 향해 달려가는 당신 뒷모습을 보고는 이대로 맞선이 깨지면 이 여자는 너무 불쌍하겠구나 하는 생각이 들었으니까."

5장

대가

1968년 5월 1일. 결혼하고 두 달도 지나지 않았다. 야마노우치는 후생성에서 사이타마 현청에서 2년간 파견 근무를 하게 되었다. 현청에서의 직위는 민생부 복지과장이었다.

후생성은 이런 형태로 매년 간부 후보생을 지방으로 파견하여 복지 현장을 자신의 피부로 체감하게 하는 시스템을 갖고 있다. 이는 다른 성청도 마찬가지다. 시기는 다소 다르지만 대장성의 경우 들어온 지 대체로 5년째에 지방 세무서에 세무서장으로 파견한다. 그렇게 함으로써 조직 책임자로서 훈련하게 하는 것이 목적이라고 한다.

신혼인 야마노우치는 아내 도모코와 둘이서 사이타마현 우라와시浦和市 벳쇼누마別所沼의 관사로 이사하여 새로운 생활을 시작했다. 후생성에 들어온 지 9년째, 야마노우치가 서른한 살이던 때의 일이다.

현청 출신자가 과장으로 승진하는 시기는 빨라야 마흔 살 전후다. 중앙에서 온 젊은 엘리트가 현장 직원들과 협력하며 일을 진행해가는 데는 어려운 점도 꽤 많다. 당시 사이타마현의 복지과는 총 인원이 52명이었다. 서무계, 기획계, 보호계, 의료계, 사회계, 동화대책계, 갱생계, 노인복지계, 이렇게 여덟 계로 나뉘어 있었다.

야마노우치는 그 장으로서 복지 행정에 임한다. 나중에 야마노우치가 가장 즐거웠던 시기라고 돌아보게 되는 나날이었다. 야마노우치가 착임한 당시 사이타마현은 전년도(1967) 9월에 국민체육대회를 개최한 직후여서 예산도 정력도 그 일에 다 써버린 상태였다. 고도 경제성장에 따른 노동자의 도시 유입으로 사이타마현 인구는 계속해서 급증하는 한편 주택, 도로, 학교 등 문화 시설의 건설과 정비는 늦어져 보육 시설이나 공원도 부족했다. 특히 복지 대책의 지체가 심해서 중증 신체장애인 시설이나 대책은 거의 전무한 상황이었다.

전임자가 이 시설 건설 계획에 착수한 것을 이어받은 야마노우치는 장애인 대책을 구체화해나간다. 그해 11월 21일, 22일 양일간 당시 장애인 대책이 앞서 있던 오사카와 아이치를 방문하여 조사를 거듭한 끝에 사이타마현 란잔마치嵐山町에 중증 신체장애인을 위한 시설을 건설하려는 계획을 세우고 과장보좌를 맡고 있던 도미하리 다케쓰구冨張武次와 둘이서 지사를 만나러 갔다.

당시 지사를 맡고 있던 사람은 4선으로, 장기에 걸쳐 행정을 펼치던 구리하라 히로시栗原浩였다.

"시설의 필요성은 충분히 알겠소. 하지만 국민체육대회로 상당한 예산을 써버려서 말이오. 체육 시설은 어지간히 갖춰왔소. 하수, 수도, 도로 정비도 뜻대로 할 수 없는 상황이라서 그것에 쫓겨 장애인 시설까지는 좀처럼 손길이 미치지 못하오."

설명을 들은 구리하라는 이렇게 말하며 야마노우치를 피하려고 했다.

"지사님은 4선에 즈음하여 네 가지 목표를 내세우지 않으셨습니까? 그 첫 번째가 사회복지의 충실이었고요. 돈이 없으면 끝낼 수 없습니다."

야마노우치는 지사에게 따지고 들며 한 발짝도 물러서지 않았다. 지사와 야마노우치의 이런 대화가 오고 간 후 장애인 시설의 건설 인가가 나왔다. 완공 연도는 1975년으로, 야마노우치가 후생성으로 돌아간 후였지만 이 장애인 시설 건설에서 야마노우치가 했던 역할은 적지 않았다.

서른한 살의 신임 과장이 지사를 상대로 한 발짝도 물러서지 않고 교섭하는 모습을 지켜본 과장보좌 도미하리는 그때 야마노우치의 모습이 강한 인상으로 남았다. 도미하리의 오랜 현장 경험에서 볼 때 중앙 관청에서 2년간 파견 근무를 나오는 과장은 대부분 두뇌는 뛰어나도 적극적으로 복지에 주력하기보다 2년간 큰 실수 없이 지내다가 얼른 원래의 성청으로 돌아가려는 사람이 많다. 착임하자마자 지사에게 의견을 말하는 것은 전대미문의 일이었다.

'이번 과장은 상당히 다르구나······.'

도미하리는 생각했다. 야마노우치가 재임하는 동안 도미하리는 항상 과장보좌로서 야마노우치의 활동을 도우며 보조한다.

야마노우치가 다음으로 수행했던 것은 동화[27] 대책이었다. 피차별 부락의 생활환경 개선과 부락[28] 사람들이 교육, 취직 등에서 받는 차별은 전쟁 전부터 큰 문제였음에도 국가와 지방자치체 모두 거의 방치한 채였다. 국가의 동화 대책 방침을 정한 '동화 대책 심의회 답신'은 1965년에 나왔지만 지방자치체에서는 '긁어 부스럼은 만들지 마라'는 풍조가 아직 주류였다. 그런데도 야마노우치는 당시 담당자가 네 명도 안 되는 계에 지나지 않았던 부서를 동화 대책실로 독립시키자는 말을 꺼냈다.

"냄새나는 것에 뚜껑을 덮어서는 안 됩니다. 그 자리만 눌러놓으면 된다는 식이 행정에서 가장 안 좋은 점입니다. 학대받은 사람들한테 기회를 주어 뻗어나갈 사람은 점점 뻗어나가게 하지 않으면 안 됩니다."

야마노우치는 회의에서 이런 발언도 했다. 그리고 피차별 부락 내 도로 정비 등에 쓸 예산을 확보하여 지역 개선 사업에 착수했다. 당시 사이타마현 부락해방운동의 중심적인 역할을 하고 있던 인물은 부락해방동맹의 노모토 부이치^{野本武一}였다. 노모토는 몇 번이고 현청으로 찾아와 담당자와 격론을 벌였다. 그 냉엄한 태도를 두려워하여 도망치는 담당자가 많았던 가운데 1970년 10월 1일에 신설된 동화대책실장에 취임한 야마노우치는 이 문제에 정면으로 대응했다.

사이타마에 부임했던 시절, 어느 설날의 일이다. 도모코는 야마노우치를 따라 당시 오미야시^{大宮市} 오나리초^{大成町}에 있던 노모토의 자택으로 새해 인사를 하러 갔다. 그때는 부락에 갖는 편견이 심하여 도모코는 주위 사람들에게서 "일본도로 위협할 것이다"라든가 "똥오줌을 뿌리며 위협할 것이다"라는 말을 듣고 깜짝 놀라 무서워하고 있었다.

'이런 일을 하는 사람하고 결혼하지 않았으면 좋았을 텐데…….'

각오하고 방문했지만 노모토는 무척 온화했다. 야마노우치와 조용한 대화가 오고 간 것으로 그날의 방문은 끝났다. 도모코의 두려움은 한꺼번에 사라졌다. 그와 동시에 피차별 부락 사람들이 근거 없는 편견으로 그 모습이 얼마나 왜곡되어 전해지고 있는지도 깨달았다.

어느 날 밤 귀가한 야마노우치가 도모코에게 불쑥 이런 말을 한 적이 있다.

"오늘은 노모토 씨가 나한테 '과장님, 당신은 참 무서운 사람입니다'라고 합디다."

구체적인 내용은 이해할 수 없었지만 야마노우치는 어쩐지 기분이 좋아 보였다고 한다.

다음으로 그가 착수한 일은 노인복지였다. 관료로서 야마노우치의 우수한 점 하나는 선견지명이 있다는 것이었다. 중증 장애인 시설도 그렇고, 동화 대책도 국가 행정에 선행하는 형태로 착수했다. 전국적으로 봐도 노인복지 대책이 아직은 거의 착수되지 않은 상황이었을 때 야마노우치는 그 중요성에 주목한 것이다.

---

27 同和. 피차별 부락의 해방과 차별을 없애는 제반 활동.
28 에도 시대에 최하층 신분이었던 천민(백정이나 망나니 등)의 자손이
  법령상 신분은 해방되었으면서도 사회적으로 차별과 박해를 받아
  집단을 이루어 살고 있는 곳.

"도미하리 씨, 노인 문제는 앞으로 국가 차원의 문제가 될 것입니다. 네 명의 적은 인원으로 하는 건 무리입니다. 인원을 좀 더 늘리지 않으면 안 됩니다."

도미하리에게 이렇게 말하며 야마노우치는 노인복지계를 노인복지과로 승격하기 위해 여기저기 돌아다녔다고 한다. 그리고 어떤 활동보다 야마노우치가 열정적으로 임했던 부분이 젊은 직원의 교육이었다.

"도미하리 씨, 우리 직원은 다들 좋습니다. 모두들 상당히 훌륭한 자질을 갖고 있어요. 그걸 어떻게든 키워나갑시다."

야마노우치는 늘 이렇게 말했다. 그리고 젊은 직원 한 사람 한 사람과 밥을 먹으며 복지에 대해 열띤 이야기를 했다. 그 이야기는 이상할 정도로 설교 냄새가 나지 않았다고 한다.

"인간은요, 사람을 사랑하는 마음이 없으면 인간이 아니에요. 이건 복지에 한정된 이야기가 아닙니다. 행정에 종사하는 모든 사람의 기본은 사람을 사랑하는 마음을 갖는 것입니다."

"상대의 마음을 읽어내 대처하려고 해야 합니다. 자신의 입장만으로 판단하면 복지 업무는 안 됩니다."

"권력에 지면 안 됩니다. 어디까지나 올바른 사람 편을 들어야 합니다. 강자 편을 들어서는 안 되지요. 숫자를 믿고 오는 사람들 중에서도 올바른 사람이 한둘은 반드시 있을 겁니다. 그걸 가려내 소수자의 소리 없는 이야기를 듣지 않으면 안 됩니다."

"복지의 진수는 주는 것만이 아닙니다. 그 사람이 자립하는

데 도움을 주는 것이 복지의 역할입니다. 때로는 힘내라, 정신 차려라 하고 질책하는 것도 필요할 때가 있습니다."

그때까지의 복지과장은 진정하러 오는 사람이 있으면 계원에게 맡겨버리는 것이 통례였다. 하지만 야마노우치는 진정인의 호소를 기꺼이 자신의 귀로 직접 들었다. 그 모습이 무척 정력적임과 동시에 즐거워 보였다고 한다.

예정된 2년의 파견 기간이 지났을 때 직원들 사이에 야마노우치 과장에게 좀 더 재임해달라고 할 수 없겠느냐는 목소리가 나왔다. 이례적인 일이었지만 민생부장인 단보 다쓰로田甫達郞가 후생성 인사과장을 찾아가 직접 호소했다.

"야마노우치 씨가 주력하고 있는 동화 대책 사업도 드디어 궤도에 오른 참입니다. 후생성으로 복귀한 후의 승진에 악영향을 끼치지 않는다는 것을 전제로, 돌아가는 시기를 반년만 늦춰줄 수 없겠습니까?"

단보는 솔직하게 요청했다. 후생성 직원 쪽에서는 놀랍다는 반응이었다.

"보통은 폐가 되니까 빨리 돌아가게 해달라고 하는데 좀 더 있게 해달라는 말을 들은 경우는 후생성이 생긴 이래 처음 있는 일입니다."

담당자는 웃으며 대답했다. 단보의 직접적인 호소가 받아들여져 야마노우치는 한동안 복지과장으로서 사이타마 현청에 머물렀다.

사이타마현에 재임 중이던 1969년 6월 19일, 야마노우치가에 장녀가 태어났다. 야마노우치는 남자아이가 태어나면 도요타카豊貴라는 이름을 지어줄 생각이었지만 여자아이일 경우는 전혀 생각하지 않고 있었다. 난감한 야마노우치는 도모코가 출산을 위해 입원했던 곳이 누마즈의 친정 근처 가미카누키上香貫 병원이어서 도모코의 지知와 가미카누키의 향香을 따와 딸에게 지카코라는 이름을 지어주었다.

야마노우치는 아이를 싫어했던 게 아니다. 그러나 자녀 양육을 도모코에게 일임했다. 관료라는 직업이 바쁜 탓도 있었지만 도모코는 남편에게서 '아버지로서의 의식이 약하다'고 느끼고 있었다.

야마노우치는 부모의 사랑을 받고 어린 시절을 보낸 기억이 없다. 철이 들었을 때 어머니는 집을 나갔고 아버지는 전장에 있었다. 아버지가 아이를 어떻게 대해야 할지, 남편이 아내를 어떻게 대해야 할지, 사랑을 어떻게 전해야 할지 보고 배울 수 있는 구체적인 모델이 그의 주변에는 없었다. 애정을 주는 방식을 배우지 못한 채 그는 성인이 되었다. 남편이 되고 아버지가 되어도 이른바 일반적인 의미에서 다정함을 전하는 방법을 찾을 수 없었다. 그것은 그가 다정하지 못했기 때문이 아니다.

그는 그 내부에 흘러넘치는 인간적인 다정함을 복지 행정이라는 형태로 방출했다. 다시 말해 복지에 쏟은 그의 노력, 약자를 향한 그의 다정함은 아내나 딸이라는 가장 가까운 사람에게 도저히 제대로 전할 수 없는 다정함의 대가였다고 할 수 있다. 그렇다면 관료로서 그의 노력이 진지하면 할수록 그의 인생이 얼마나 서툴고 슬픈 것이었는가 하고 생각하지 않을 수 없다.

1971년 5월 1일, 야마노우치는 후생성으로 돌아왔다. 결국 사이타마현 민생부 복지과장을 만 3년 동안 역임한 셈이다. 야마노우치가 후생성으로 돌아온 날 민생부에 야마노우치의 염원이었던 노인복지과가 설치되었다. 그가 3년간 보여준 행동과 발언은 도미하리를 비롯한 많은 직원들 마음에 오래 기억된다.

야마노우치가 후생성으로 돌아와 연금국 연금과에서 재출발한 1971년은 일본의 공해 행정에 획기적인 해였다. 1970년대 고도 경제성장에 수반하여 일본 전국에서 다발한 공해는 사회적으로도 큰 관심을 불러일으켜 공해반대운동이 전에 없이 열을 올리고 있었다.

1970년 12월 말, 이른바 '공해 국회'가 개최되어 열네 개의 공해 관련 법률이 가결되었다. 그와 동시에 야마노우치가 주력했던 기본법의 전문前文에서 '경제와의 조화' 조항이 삭제되었다. 그리고 1972년도 예산 편성 과정에서 환경청 설치 여부가 결정되었다. 욧카이치四日市 공해 소송[29]에서 원고인 환자 측이 전면적으로 승소하는 등 공해 행정이 여론의 순풍을 타고 큰 진전을 보인 시기였다.

1971년 7월 1일, 야마노우치가 후생성으로 돌아온 지 두 달 만에 예산 39억7000만 엔, 정원 502명으로 환경청이 발족했다. 작은 살림이었지만 국민의 기대를 안고 출발했다.[30] 약 500명에 이르는 직원은 후생성에서 283명, 농림성에서 61명, 통상산업성에서 26명 등 12성청에서 끌어모은 사람들이었다. 당연히 국장, 관방장 자리를 어떤 성청 출신자가 차지하느냐로 다툼이 일었다. 결과적으로 톱3인 사무차관, 기획조정국장, 관방장에 후생성과 대장성이 교대로 앉는다는 규칙이 만들어졌다. 수질보전국장은 농림성, 심의관은 통상산업성 출신이 맡기로 정해졌다.[31] 일치단결하여 공해에 대응한다기보다 환경 행정을 어떻게 자신의 출신 성청에 유리하게 전개해나가는지가 직원들에게 최대의 관심사였다고 해도 좋다. 환경청은 그런 복잡한 배경을 짊어지고 출발한 것이다. 1971년은 그런 해였다.

이런 경과 하나만 봐도 환경청의 출발은 순풍에 돛을 단 것과는 아주 먼 것이었다. 그 출발점에서 억지로 떠맡은 짐도 적지 않았다. 그 하나가 미나마타병이다.

요요기 신청사에 '환경청' 간판을 내건 야마나카 사다노리山中眞則 초대 환경청 장관은 그 직후 '미나마타병을 고발하는 모임'의 서른 명에게 둘러싸여 신청서를 억지로 받았다. 환경청의 다난한 앞날을 상징하는 사건이었다.[32]

그 무렵 미나마타병은 아주 혼란스러운 상황이었다. 1959

년 후생성의 조사 결과가 어둠에 묻힌 이후 신일본질소의 공장 폐수는 아무런 대책이 강구되지 않은 채 그대로 방류되고 있었다. 그해 12월 미나마타 공장은 배수 시설에 정화 장치를 설치하고 문제를 해결했다는 태도를 보였는데 나중에 그 정화 장치는 유기수은에 아무런 정화 기능을 하지 않는다는 사실이 밝혀졌다. 공장 측은 처음부터 그 사실을 알고 있었지만 어민과 매스컴의 눈을 피하기 위해 위장으로 설치했고 이는 비열한 행위였다.

미나마타를 아무런 교훈으로 삼지 않았던 기업과 행정은 1965년 니가타현 아가노강 연안의 쇼와전공 아세트알데히드 제조 공장의 폐수로 발생한 수은 중독, 이른바 니가타 미나마타병을 새로이 낳게 된다.

구마모토 미나마타병과 니가타 미나마타병에 대한 정부의 견해는 통상산업성 등이 보인 저항에 부딪혀 좀처럼 발표되지 않고 있었다. 하지만 1968년 9월 26일 드디어 후생성과 과학기술청에 의해 발표된다. 구마모토 미나마타병 공식 발

---

29 1967년 9월 대기오염으로 발생한 건강 피해에 대해 공해병 인정 환자, 유족 열두 명이 욧카이치 석유 콤비나트 여섯 개 회사를 상대로 손해배상과 위자료를 청구한 소송. 1965년경부터 대기오염 물질로 발생한 심한 기침과 호흡곤란 등 호흡기 질환 피해가 속출했다(욧카이치 천식).
1972년 피고 등에게 공동 불법행위가 있었다며 8800만 엔의 배상을 명하는 원고 승소 판결이 내려졌다. 피고 등은 항소를 포기하여 이 판결이 확정되었다.
30 川名英之,『ドキュメント日本の公害第2卷』(綠風出版, 1988), p.98, p.131.
31 川名英之,『ドキュメント日本の公害第2卷』(綠風出版, 1988), p.137.
32 川名英之,『ドキュメント日本の公害第2卷』(綠風出版, 1988), pp.148~149.

견으로부터 실로 12년 4개월이 지나고 나서였다.

> 미나마타병은 미나마타만의 어패류를 장기간 또는
> 다량 먹음으로써 발생하는 중독성 중추신경 질환이다.
> 그 원인 물질은 메틸수은화합물이고 신일본질소
> 미나마타 공장의 아세트알데히드 아세트산 설비 내에서
> 생성된 메틸수은화합물이 공장 폐수에 포함된 채
> 배출되어 미나마타만의 어패류를 오염시키고, 그 체내에
> 메틸수은화합물이 농축된 어패류를 지역 주민이
> 먹음으로써 생겼음을 인정한다.[33]

원인이 짓소의 공장 폐수로 인정된 이후 미나마타병을 둘러싼 문제는 두 가지로 모였다. 하나는 보상금액에 관한 것이다.

환자 가정 호조회는 1959년 소액의 위로금을 억지로 받은 이후 활발한 활동은 하지 않고 있었다. 하지만 정부의 견해가 나온 이후 새로운 보상 교섭을 시작한다. 호조회는 내부에서 논의를 거듭한 결과 후생성에 맡겨 보상금액 등을 결정하게 히지는 일임파(65세대)와 재판에서 결판을 내자는 소송파(28세대)로 분열되었다.

1970년 5월 27일 사망자 170만 엔에서 400만 엔, 생존자 일시금 80만 엔에서 200만 엔, 연금 17만 엔으로 일임파에 대한 보상금을 결정했다. 그러나 이는 대형 사고 사망자에게 주는 보상액의 20퍼센트에 불과한 금액이었다. 한편 소송파

112명은 이 소액 보상에 항의했다. 1970년 6월 14일, 총액 약 6억4000만 엔을 요구하며 구마모토 지방법원에 제소하여 미나마타병 문제는 재판 투쟁의 시대에 접어든다.[34]

또 하나의 문제는 미나마타병의 인정 제도를 둘러싼 것이다. 1959년 12월 25일 구마모토현은 미나마타병 판정을 위해 '미나마타병 환자 심사협의회'를 설치한다. 이 협의회가 환자의 진단, 미나마타 병동 입퇴원 판정 등을 담당하게 된다. 협의회는 1961년 9월 후생성에 의해 개편되고 인원도 일곱 명에서 열 명으로 증원되어 '미나마타병 환자 심사회'로 다시 설치되었다. 그 후 심사회가 미나마타병 보상 수급 자격심사를 하게 된다. 그러나 이 인정 제도는 미나마타병인지 아닌지를 판정하는 기준이 몹시 엄격하여 신청해도 기각당하는 사람이 압도적으로 많았다. 환경청이 설치된 1971년 당시 미나마타병은 인정 기준을 둘러싸고 크게 흔들렸다. 신청을 기각당한 환자들은 연대하여 행정 불복심사를 청구했다.[35]

이런 상황에서 1971년 7월 5일 오이시 부이치大石武一가 제2대 환경청 장관에 취임했다. 오이시는 약 1년에 걸쳐 장관에 재임하여 신설된 환경청의 방향성을 몸소 보여준다. 오이시는 8월 7일 구마모토현과 가고시마현 지사에게 기각 처분을 취소해달라는 재결을 요구함과 동시에 사무차관 명

---

33 川名英之, 『ドキュメント日本の公害第1巻』(緑風出版, 1987), pp.74~75.
34 川名英之, 『ドキュメント日本の公害第1巻』(緑風出版, 1987), pp.83~89.
35 川名英之, 『ドキュメント日本の公害第4巻』(緑風出版, 1989), pp.102~106.

의로 미나마타병 환자 인정 요건에 관한 통지를 냈다. 이것이 이른바 '쇼와 46년도(1971) 사무차관 통지'다. 이 통지는 환자 구제의 길을 그때보다 더 넓히도록 한 시도로, 의학이나 각 성청 간 세력권을 넘어 제출된 하나의 영단이라고 해도 좋았다.

> 현재에 이르기까지 인정 신청인의 생활사, 그 밖에 해당 질병의 역학 자료 등으로 판단하여 해당 지역과 관련된 수질 오염의 영향 때문임을 부정하기 어려운 경우에는 그 사람의 미나마타병은 해당 영향을 받은 것이라 보고 신속하게 인정할 것.

오이시는 1971년 8월 26일에 열린 참의원 공해대책특별위원회에서 이 통지에 대해 다음과 같이 설명했다.

> 저희로서는 역시 미나마타병에 대해 가능한 한 폭넓게 구제하는 방향으로 나아가고 싶습니다. 할 수만 있다면 정확한 진단이 나온 사람은 물론이고 의심스러운 사람 역시 미나마타병과 다소라도 관계가 있다고 판단되는 사람은 되도록 구제하는 게 어떨까 싶습니다. (중략) 확실히 이건 미나마타병이다, 원인과 결과 모두 미나마타병인 사람은 물론이지만 아무리 봐도 유기수은과 다소 관련이 있어 보이는 사람도 구제했으면 하는

생각에서 재고하는 수고를 끼치게 된 것입니다. (중략) 예컨대 순수한 미나마타병 이외에 다른 증상이 있는 경우도 이른바 유기수은을 섭취했거나 그 가족의 일원으로서 오랫동안 여러 가지를 먹은 경우 역시 유기수은이 그 원인 가운데 하나가 아니라고 부정할 수 없는 경우도 있다고 생각합니다. 그런 경우도 뭉뚱그려 폭넓은 판단으로 판정해주시기를 부탁드리고 싶습니다.[36]

오이시의 생각은 다소 의학적으로 의문이 남아도 미나마타병의 불안과 공포에 시달려온 사람들을 조금이라도 많이 구제하고 싶다는 인간적인 양심에 기초한 것이다. 당시의 공해 행정은 인간의 양심에 기초하여 진행한, 적어도 그렇게 진행해야 한다고 생각한 이상주의 시대였다.

환경 행정은 여론의 순풍을 받으며 잠깐의 풍요로운 시기를 보내고 있었다. 1973년 오일 쇼크 이후 고도 경제성장의 신화가 무너진 때를 경계로 기업의 합리화로 공해대책비가 삭감되어 공해 행정은 단숨에 역풍을 맞게 된다. 하지만 그 짧은 순풍 시기에도 환경 행정에 대해 통산산업성, 운수성 등 이른바 경제계 측이 성청에 가한 압력은 상당히 컸던 것으로 보인다.

1972년 2월, 그런 압력을 상징하는 하나의 사건이 일어났

---

36 《参議院公害対策特別委員会会議錄》, 1971년 8월 26일.

다. 환경청 대기보전국 자동차공해과 과장이었던 사카키바라 다카시榊原孝가 가족을 남겨둔 채 1월 28일부터 행방불명되었다고 환경청에서 발표한 것이다. 사카키바라는 배기가스 규제법 제정의 책임자였기 때문에 매스컴에서는 그의 실종을 크게 다루었다.

최근 가족에게 "지쳤다"고 토로했고 철야가 이어진
예산 편성이나 규제 기준을 둘러싸고 운수성과의 절충,
자동차 업계의 동향에 대한 배려 등 마음고생이 심한
평소의 일에 지쳐 노이로제 기미를 보였던 듯하다.
다음은 아내 가요코 씨의 이야기.

"작년 말 예산 편성 때는 철야가 이어졌고 1월에 접어들고
나서도 귀가 시간은 밤 9시나 10시였으며, 입버릇처럼
'지쳤다, 지쳤다'고 말했습니다. 작년 여름 인사 명령을
받았을 때는 '힘든 일'이라고도 했습니다만, 집에서는
관청의 일을 절대 입에 담지 않는 사람이라 짚이는 데가
전혀 없습니다. 저는 마음이 느긋한 사람이라
생각했습니다만, 새로운 관청에서 고생이 많았겠지요.
술을 좋아해서 매일 저녁 반주를 했는데 최근에는
양이 좀 줄었습니다. 몸은 건강하고 병으로 결근한 적도
거의 없었습니다."

당시의 신문에는 이런 기사가 보인다. 사카키바라는 1953년 나고야대학 공학부를 졸업하여 운수성 자동차국 정비부 차량과에 들어간 후 환경청이 발족할 때까지 항상 차량 정비 관련 일을 해왔다. 환경청이 발족함과 동시에 파견을 나가 자동차공해과 과장에 취임했다. 공해과에서는 당시 디젤엔진의 일산화탄소 규제 제정에 매달렸으며 3월 중에 결론을 내기로 되어 있었다.

이 법률 제정을 놓고 자동차 업계나 운수성은 현재의 기술 수준으로는 비용이 늘어나는 데다 대량생산에 맞지 않다며 강력하게 반대하고 나왔다. 법 제정에 관계하며 출신 성청인 운수성의 의향과 환경청의 태도가 다른 가운데 사키카바라는 그 사이에 끼어 난처하다고 동료에게 괴로움을 토로했다. 가족에게는 이렇게 이야기했다.

"이 법률이 제대로 안 되면 관청을 그만두고 일자리를 알아볼 테니까 당신은 아이들을 데리고 친정으로 돌아가 있어."

어느 날 밤늦은 시간에 갑자기 아내를 깨워 새로운 법률에 의거한 배기가스 규제를 나타낸 그래프를 가져와 가족에게 설명하며 중얼거렸다고 한다.

"난감해, 난감해."

완전히 노이로제 상태였다. 환경청은 법률 제정의 책임자가 실종되어 엄중한 함구령을 내리고 당초 실종 사실을 숨기기만 했다.[37] 환경 행정을 진지하게 생각하면 할수록 담당관이 번민하게 되는 복잡한 면을, 환경 행정은 그 출발 시점부터 갖고 있었다.

1970년대 전반, 환경 행정과 마찬가지로 후생복지 행정도 비약적으로 진전했다. 그러나 아직 아무런 대책도 강구하지 못한 채 방치된 것도 많았다. 그 하나로 간질 환자 대책이 있다. 법률적으로 간질은 정신병으로 취급했기 때문에 신체장애인 등과 구별되어 복지 대상으로 여기지 않았다. 일본간질협회 상무이사 마쓰토모 료松友了는 간질을 앓고 있는 아이를 키우는 부모로서 그것에 의문을 가져 간질을 앓는 아이를 가진 부모 열 명 정도를 모아 부모회를 만들어 어떻게든 복지의 대상으로 만들기 위해 당시의 후생성 장관 사이토 구니키치斎藤邦吉에게 진정서를 가져갔다. 1973년의 일이다. 그 진정서를 받고 마쓰토모를 후생성 장관에게 소개한 사람이 야마노우치였다.

야마노우치는 후생성으로 돌아가 연금국 연금과에 과장보좌로서 2년간 소속된 이후 그해 7월 후생성 장관의 임시 비서관에 취임했다. 야마노우치는 마쓰토모에게서 간질에 대한 설명을 듣고 아무런 복지 대책이 취해지지 않은 점에 복지 행정관으로서 큰 의문을 품은 듯하다. 야마노우치는 어떻게든 구제책이 없을까 해서 분주하게 움직였지만, 법률적으로 전혀 방법이 없다는 사실을 알게 되자 개인적으로 환자 구제에 나선 것이다.

"간질이라는 병은, 정신보건법률에 기초하여 행정이 정신

병으로 취급하고 있습니다. 이 행정은 의료를 관할하는 데서 담당합니다. 야마노우치 씨는 복지를 담당하고 있고, 이는 복지법에 기초한 행정입니다. 미국을 포함한 몇 나라에서는 간질도 아이의 장애라고 해서 복지의 틀 안에서 대응하고 있습니다만, 일본에서는 그런 대상이 아닙니다.

우리가 진정하러 찾아간 후 야마노우치 씨는 장애복지과장이 되었습니다. 이 과는 주로 장애가 있는 아이, 또는 지적장애아를 대상으로 한 분과입니다. 간질은 분과로서는 물론 장애복지과가 아닙니다. 하지만 야마노우치 선생님은 과장이라든가 관리라든가 하는 틀을 넘어 운동 지원이라고 하나요, 나아가 운동에 참여해주었습니다. 복지과의 모든 사무실에 저희 간질협회 캠페인용 포스터를 붙여주기도 하고, 바자회 때는 매년 개인 물품을 가져오기도 했습니다."

보통 관청에서는 **세력권**이 확실히 있어 다른 부서의 일에 참견하지 않는 **관례**가 있다. 마쓰토모도 그것을 잘 알고 있었으므로 야마노우치의 그런 행동에는 깜짝 놀랐다. 그 무렵 야마노우치의 연하장에는 새해 인사에 이어 간질협회 소개문이 인쇄되어 있고 연하장 우표 번호가 당첨된다면 꼭 협회에 기부해달라는 사서함 번호가 적혀 있었다. 야마노우치는 왜 그토록 마쓰토모 등의 운동에 개인적으로 가담했던 것일까.

"저의 경우 아이가 간질을 앓고 있고, 협회 회원 육천 명 대

---

37 川名英之, 『ドキュメント日本の公害第2卷』(綠風出版, 1988), pp.263~267.

부분도 간질 환자의 가족이거나 전문의입니다. 하지만 그는 전혀 그런 입장이 아닙니다. 말하자면 일개 행정관, 그것도 직접적인 관할도 아닌 행정관입니다. 그가 왜 저희를 지원해주었는지, 간질 문제를 이해해주었는지······. 지금에 와서 생각해보면 도무지 이해가 되지 않기도 합니다.

다만 저의 추측으로는 백만 명에 가까운 아이들이 괴로움을 겪고 있고 그것에 대응하는 복지 대책도 없는 실태를, 그는 한 사람의 인간으로서 예리하게 이해했던 게 아닐까 생각합니다."

마쓰토모는 야마노우치를 이렇게 받아들이고 있었다.

사이타마에서 도쿄로 돌아온 이후 1972년에는 차녀 미카코가 태어났다. 야마노우치는 두 아이의 아버지가 되었다. 가정에서의 야마노우치는 자식을 끔찍이 아끼는 아버지의 모습과는 좀 멀었다. 하지만 같은 자식을 둔 부모로서 마쓰토모 등의 활동에 개인적으로 공감했을 것이다.

집에서의 교육을 도맡은 아내 도모코가,

"1억 명의 복지보다 가끔은 우리 세 명의 복지도 좀 생각해주세요."

라고 하면 이렇게 말했다고 한다.

"너무 심한 말을 하는 거 아니요?"

그러나 그 무렵에 쓴 야마노우치의 에세이에는 두 딸에 대해 즐거운 마음으로 쓴 내용도 많은 것으로 보아 아버지로서의 의식이 아주 없었다고는 말할 수 없다. 일이 빨리 끝났을 때는 종종 시부야의 '동화집'이라는 그림책 전문 서점에 들러 두 딸에게 줄 동화책을 사들고 들어왔다. 1979년 딸들이 초등학교 2학년과 5학년이던 어느 날 텔레비전이 고장 난 적 있었다. 가족은 곧바로 다시 사자고 했지만 야마노우치는 그 기회에 집에서 텔레비전을 없애고 매일 밤 자기 전에 두 딸에게 동화를 읽어주겠다고 약속했다. 그 약속 덕분에 야마노우치가 동화집에 들르는 일도 잦아졌다. 『피터 래빗 시리즈』, 피터 그린어웨이가 그린 『하멜른의 피리 부는 사나이』 『닐스의 신기한 모험』이나 니미 난키치新美南吉, 야가와 스미코矢川澄子, 쓰보타 조지坪田讓治라는 작가들의 작품이 차례로 야마노우치가 책장을 장식하게 되었다.[38]

역풍의 염려와 두려움을 내포하면서도 늠름한 정열과 정의감이 복지환경 행정의 현장에 흘러넘친 아주 짧은 시기에 야마노우치도 행정 담당자로서, 아버지로서 짧은 한순간의 행복에 몸을 담그고 있었다. 그러나 지금 돌아보면 그것은 정말 한순간의 일이었다.

---

38 야마노우치 도요노리가 야가와 스미코에게 보낸 편지. 1981년 4월 13일.

6장

오산

1978년 7월 3일. 미나마타병 문제를 둘러싸고 환경청 사무차관 명의로 다시 통지가 나왔다. '미나마타병 인정에 관련된 업무 촉진에 대하여'라는 제목의 이 통지는 미나마타병을 판단하는 조건과 관련해 모든 증상은 "단독으로는 일반적으로 전형적이지 않기" 때문에 "종합적으로 검토할 필요가 있다"고 하여 증상의 조합을 중시했다. "의심스러우면 구제하라"고 말한 지난번 차관 통지를 전면적으로 부정한 셈이다. 그리하여 미나마타병 환자 인정은 다시 엄격한 기준으로 되돌아가고 만다.[39]

오이시 장관이 "미나마타병을 부정할 수 없는 경우에는 인정하라"는 사무차관 통지를 낸 이후 인정 신청서가 급증하여 1977년 9월 말까지 미나마타병 인정 환자는 1,180명, 보상 금액은 307억 엔에 달했다. 오일 쇼크 때문에 경영 수지가 적자로 돌아서자 짓소는 어떻게든 인정 환자의 수를 줄이고 싶어 했다.

정부는 짓소 구제책으로 두 가지 방책을 생각한다. 하나는 구마모토현이 '현 채권'을 발행하고 정부와 짓소의 주거래 은행인 일본흥업은행이 그것을 인수하여 그 돈을 짓소에 빌려주는 것이다. 또 하나의 구제책은 '인정 기준 재고'라는 이름의 환자 축소책이었다.[40]

환자 축소가 시작된 것은 두 번째 차관 통지가 나오기 3년 전인 1975년 8월 어느 사건이 발생하면서부터다. 구마모토현의회 공해대책특별위원회의 위원장을 포함한 두 명이 7일

환경청을 방문하여 미나마타병 대책을 요망하며 다음과 같이 발언했다.

"가짜 환자가 보상금을 목적으로 잇따라 신청하고 있다."

"인정심사회는 이런 가짜와 진짜를 구별하는 데 고초를 겪고 있다."[41]

그 무렵부터 《주간 신초》 등을 중심으로 '가짜 미나마타병 환자 고발' 보도가 눈에 띄게 된다. 1977년 1월에는 《주간 분슌》 지면에 환경청 장관 이시하라 신타로石原慎太郎의 다음과 같은 발언이 실렸다.

> "미나마타는 자신의 눈으로 보고 원점에서 다시 검토할
> 생각입니다. 의심스러우면 구제하라는 식으로 의료 구제를
> 하는 건 좋지만, 현민과 국민의 돈으로 구제하는 것입니다.
> 그런데 환자 중에는 공해가 원인이 아닌 사람도 있습니다.
> 환자 집단에 열 몇 개 파벌이 있잖아요. 의사, 신좌익,
> 야당이 붙어 있고요. 이데올로기로 좌우할 문제가
> 아닌데 말입니다."
>
> 《주간 분슌》 1977년 1월 27일

저성장 시대로 접어들어 공해 대책에 예산을 할애하고 싶지 않은 기업과 그 기업과 계속해서 협력 관계를 유지하고 싶은 정부, 시종 그 비위를 맞추는 일부 매스컴이 미나마타병을 비롯한 공해 환자를 축소하기 위해 조직적으로 움직였다.

그들은 경제단체나 통상산업성을 통해 후생성이나 환경청에 여러 압력을 행사했다.

그 압력의 '희생자' 가운데 한 사람이자 공해병 환자에게는 가해자 역할을 떠맡게 된 사람이 1967년 야마노우치와 함께 공해대책기본법을 만든 하시모토 미치오다. 하시모토는 공해대책기본법을 만든 후 이산화황의 환경 기준을 제정했다. 그리고 1973년에 공해 환자를 구제하기 위해 오염 기업에 미리 예산을 내어놓게 하여 환자 보상에 충당한다는 '공해건강피해 보상제도'를 만들었다. 하시모토는 바로 일본 공해 행정의 진보와 보조를 함께하며 관료로서 그의 경력을 쌓아나간다. 그러나 1975년 8월, 환경청 대기보전국장에 취임한 하시모토는 당시 복합오염의 원흉이라 불린 이산화질소의 환경 기준을 세 배로 완화하여 공해 환자들에게서 배신자라는 비판을 받게 된다.

이 법 개악에 앞서 1975년 4월 11일, 기준 재검토를 앞두고 있던 기업과 통상산업성의 움직임에 동조하는 형태로 산케이신문의 정론란에 「부당한 환경 행정을 개선하라」라는 제목의 논문이 게재되었다. 이 논문에서 필자는 이산화질소의 환경 기준이 부당하게 엄격하다고 지적한 다음 "미국 철

---

39 馬場昇, 『ミナマタ病三十年・国会からの証言』(エイデル研究所, 1986), pp.546~550.
40 川名英之, 『ドキュメント日本の公害第4卷』(緑風出版, 1989), pp.240~247. 《每日新聞》, 1971년 10월 25일.
41 川名英之, 『ドキュメント日本の公害第4卷』(緑風出版, 1989), pp.206~209.

강 업계의 수뇌는 (이러한 사정을 듣고) '타국에 예가 없는 배상 제도나 너무 엄격한 기준, 주민운동 등의 중압으로 일본 기업이 망하는 게 아닐까' 하고 필자에게 이야기했다"라며, 오일 쇼크 이후 서민의 불안을 부추기며 기관지 천식 환자의 고통 따위는 깡그리 무시하는 형태로 기준을 개정하는 일이 급선무라고 호소했다. 이 필자가 바로 당시 도쿄공업대학 명예교수였던 기요우라 레이사쿠다. 1950년대 미나마타병 원인 규명 때 비유기수은설을 주장한 기요우라가 1970년대에 다시 통상산업성의 대변자로서 환경 행정이 악화하는 데 큰 역할을 하게 된 것이다.

1973년 5월에 정해진 이산화질소의 환경 기준은 하루 평균 0.02ppm이었다. 당초부터 이 기준에 자동차 업계, 철강 업계를 중심으로 큰 반발이 있었다. 하시모토가 1978년에 했던 환경 기준 개정작업은 이런 기업 측의 의도에 전면적으로 부응하는 형식으로 이루어졌다.

> 1973년에 하루 평균 0.02ppm이라는 이산화질소
> 기준을 만든 사람의 마음은 충분히 이해할 수 있습니다.
> 미나마타를 두 번 되풀이했으니까요. 욧카이치 공해를
> 낳고 말았지요.
> 욧카이치의 대기오염이 그만큼 심했기 때문에 이산화황의
> 자세한 역학 데이터가 나왔습니다. 하지만 이산화질소
> 연구가 아직 거기까지 나아가지 못했습니다. 그러나

데이터가 쌓일 때까지 기다린다면 대기오염은
점점 심해질 겁니다. 그래서 '결론을 내리자'며
당시 그 기준을 만든 사람의 마음은 잘 알 수 있습니다.
의문스러운 점도 몇 가지 있습니다. 이산화질소의
하루 평균 0.02ppm이라는 것은, 엄격할수록 좋다는
각도에서 본다면 그건 괜찮습니다. 하지만 우리가 늘
연구 협력을 했던 그룹도 역시 데이터만으로 그렇게까지
결론지을 수 없지 않을까 하는 의견이었습니다.
사회적, 정치적 가치에 모든 것의 우위를 두는 건
명쾌하게 결론짓겠다는 뜻입니다. 그러나 행정이라는
것은 사회적, 정치적 가치에만 모든 것의 우위를 두고
판단하는 게 아닙니다. 역시 과학적 합리성과 공정함,
그리고 다양한 문제의 균형을 갖고 판단하면 역시
이 기준은 좀 약하다는 느낌을 받습니다.
또 하나는, 역시 하루 평균 0.2ppm은 굉장히 깨끗한
홋카이도의 유례가 보기 드문 곳의 공기 조건이라는
겁니다. 그렇다면 그 조건으로 하라는 건 너무 무리입니다.
엄격할수록 좋다는 것도 말이지요. 그런 운동의 논리가
있다는 건 알겠지만, 역시 공해 행정으로서 해나갈 때
여기에는 상당한 어려움이 있지 않을까 생각합니다.
그래서 과학적으로 재검토해보고, 5년간의 새로운
데이터를 모아 어떤 것이 나올지를 기초로 판단하기로
제가 대기보전국장이 된 1975년에 결정한 내용입니다.

그리하여 1973년부터 5년간, 즉 1978년까지 쌓인
새로운 데이터를 모두 확인한 후에 기준을 개정했습니다.

하시모토 미치오는 당시를 돌아보며 이렇게 말했다. 1973년의 환경 기준은 데이터도 갖춰져 있지 않고 정치적으로 판단해 만들었지만 1978년의 기준 개정은 과학적인 판단에 따랐다는 것이 하시모토의 주장이다.

1978년 3월 중앙공해대책심의회에서 환경청으로 답신이 왔는데 이산화질소 기준은 하루 평균 0.02ppm에서 최대 0.06ppm으로 세 배 완화되었다.

이 기준 개정의 의도에 대해 하시모토는 7월 6일 국회에서도 호되게 추궁당했다.

> **질문자:** 각 지방자치체에서는 계속해서 공해 방지 계획을
> 만들어왔습니다. 그 공해 방지 계획은 무슨 일이 있어도
> 최소한 현행 환경 기준을 달성하려고 오늘날까지 엄청난
> 노력을 거듭했습니다. 재계나 기업에서 여러 가지 압력이
> 있었지만 그것을 뿌리치고 노력해온 과정이 있습니다.
> 그런데 최근 환경청의 움직임을 보고 있으면 우리가
> 애써 기업과 경우에 따라서는 싸움을 하면서까지 이만큼
> 쌓아온 것이 물거품이 되고 있습니다. 실은 환경청에
> 엄청난 불신이 생기고 있습니다. 이번 재검토 때문에
> 지금까지 이산화질소 규제를 성실히 이행해온 곳일수록

어려움을 겪고 있습니다. 이렇게 자치체가 그동안 쌓은 것이나 노력에 대해 당신은 어떻게 생각합니까?

하시모토: 대기보전국장으로서 바로 그것이 개정 문제에 대해 가장 고민하는 점입니다. 저는 지금까지 많이 노력해주신 분들께 정말 죄송하게 생각합니다. 배신자라고 하시든 뭐라고 하시든 무척이나 죄송한 마음입니다. 그 책임은 저에게 있습니다.

질문자: 당신도 괴로운 답변을 되풀이하게 될 거라고 생각합니다만, 지방자치체로부터 배신자라는 욕을 먹든 말든 자신은 하겠다고 말하는 거군요. 당신의 설명을 들으면 말이지요. (중략) 아무래도 하시모토 씨의 등 쪽에 뭔가 그림자가 따라다니고 있습니다. 하시모토 씨는 환경 행정에서 비교적 좋은 평가를 받아온 사람이라고 생각합니다. 그런 하시모토 씨가 변심한 이유는 뭘까요? 지금 모두에게 이 의문이 어떤 의미에서는 아주 혹독하게, 또는 의혹도 포함하여 여전히 제기되고 있다는 점을 생각해주었으면 합니다.[42]

이 기준 완화를 둘러싼 국회 논의 중에 철강연맹이 출자한 재단법인 '철강설비 질소산화물 방제기술 개발기금'(통칭 NOx 기금)이 65명의 학자에게 연구비 명목으로 6억 엔을 뿌린 사실이 밝혀졌다. 그 학자들 중에 이번 기준 재검토를 환경청에 답신한 중앙공해대책심의회 멤버가 포함되어 있다는 점에서 이 답신의 과학적 판단 자체에 의혹이 생겼다.

> 질문자: 그런 환경 기준을 완화하는 방향에 맹렬히 지원하고 있는 철강연맹, 석유연맹, 전력협회 또는 자동차협회 등과 관련이 있는 학자들은 제대로 심의할 수 없다고 생각합니다. 그런 관련이 있는 사람들이 학자라는 가면을 쓰고 점점 중앙공해대책심의회나 전문위원회의 멤버가 되고 있습니다. 결과에 영향이 있었는지 없었는지는 차치하기로 하죠. 하지만 그만큼 보살핌을 받고 있다면 그 기업이나 기업이 구성하는 재단에는 거역할 수 없고 너무 비판적인 일은 할 수 없을 거라는 게 세상의 이치이자 인지상정 아니겠습니까? (중략) 저는 솔직히 말해서 하시모토 씨도 끝내 재계의 압력에 굴복한 게 아닐까 하는 의심을 부정할 수 없습니다.

하시모토는 이 기준 개정에 대해 그의 저서 『사사 환경 행정』私史環境行政에서 경제계로부터 "왜 미국이나 국제적으로도 타국이 인정하는 연평균 0.05ppm으로 하지 않는가. 연평균 0.02~0.03ppm이라는 지침은 불필요하게 엄격한 것이다"[43]라며 공격이나 압력이 가해졌다면서 그 사정을 설명했다.

환자들은 하시모토의 이 행위를 기업의 압력에 굴복한 배신이라며 비판했다. 그러나 하시모토에게는 배신이라는 의식이 전혀 없었다. 왜냐하면 하시모토에게 행정이란 100퍼센트 환자 측에 서는 것도, 기업 측에 서는 것도 아니기 때문이다. 여론이나 시대 상황, 공해 반대 운동의 고양 정도, 경제성장의 신장률 등을 고려한 상태에서 가장 균형이 잘 잡힌 것을 골라가는, 그 절충안을 찾아내는 작업이 행정 일이라는 게 하시모토의 생각이기 때문이다. 그렇다면 행정의 판단은 돈과 정치력을 배경으로 압력을 가해오는 측에 항상 유리하지 않을까. 하시모토는 다음과 같이 말했다.

> 압력이 없는 사회라는 게 있습니까? 어디든 있습니다.
> 관청이라는 곳은 모두 책임 분담이 다릅니다. 어떻게
> 균형을 잡는가 하면, 논쟁을 해서 균형을 잡는 겁니다.
> 환경과 경제의 조화를 어떻게 이루는가 하면, 그건 맹렬히
> 논쟁해서 이루는 겁니다. 그런 점에서 일본의 통상산업성은
> 열심히 공부하고 있습니다. 요컨대 환경 기준이라는 것은
> 과학적으로 불확실한 것이잖아요.
> 그래서 인식과 판단이 다른 겁니다. 게다가 이해관계가
> 걸려 있는 정책 사이의 갈등이 있습니다. 그걸 결정하는
> 것이 행정입니다.

---

42 『参議院公害対策及び環境保全特別委員会会議録』, 1978년 7월 6일.
43 橋本道夫, 『私史環境行政』(朝日新聞社, 1988), p.301.

그는 '압력'이라는 말을 '논쟁'으로 바꿔 말하며 좋게 평가하고 있다. 그리고 그의 행정은 이 '논쟁'의 힘 관계로 취해야 할 방향을 결정해나간다. 그 결과 주민운동에 힘이 있을 때는 주민 쪽으로, 기업의 발언권이 강해져 주민운동이 고조되지 않는 시대에는 기업 쪽이 된다. 거기에는 행정 자체의 주체성이 존재하지 않는다. 인간으로서의 양심에도 좌우되지 않는, 순수한 직업의식에 뒷받침한 균형 감각만이 존재하는 것이다.

자동차 대수가 증가하여 도시에서 0.02ppm이라는 이산화질소의 기준을 지키는 것이 현실적으로 불가능하다고 판단되면 하시모토는 지킬 수 있을 것 같은 선까지 기준을 완화한다. 현실에 행정을 맞춰나가는 하시모토의 이런 자세야말로 야마노우치가 평생 갖출 수 없었던, 관료로서 살아가는 데 불가결한 처세술인지 모른다.

이인삼각으로 기본법 제정에 임했던 야마노우치와 하시모토. 복지환경 행정에 임하는 두 사람의 자세는 10년의 세월을 거치며 그 양상이 크게 바뀌었다.

유언이 남아 있던 야마노우치의 서재 책상 위에는 하시모토의 『사사 환경 행정』이 놓여 있었다. 공해 행정이 시대와 함께 후퇴하는 모습을 한 행정가의 반생을 통해 그렸다고 할 수 있는 그 책을 야마노우치는 어떤 심정으로 읽었을까.

1978년 7월 11일, 환경청이 개정된 이산화질소의 새 기준을 고시했다. 그로부터 한 달 후인 8월 11일 하시모토 미치오는 환경청 국장 자리에서 물러났다. 환경청을 떠난 하시모토는 쓰쿠바대학에 초빙되어 환경과학연구과에서 환경 행정을 강의한다.

이듬해 1979년, 당시 총리 오히라 마사요시大平正芳는 앞으로의 복지 행정에 대해 '일본인이 가진 자립, 자조 정신'과 '상호 부조 구조'를 조화시켜 나간다는 방침을 제시한다. 이는 바로 국가의 복지 행정 포기와도 같은 발언이다.

1979년 1월 23일, 야마노우치는 사회국 보호과장에 취임했다. 보호과는 생활보호 관련 행정에 종사하는 과로, 야마노우치는 실질적인 그 책임자로서 생활보호에 관계해나간다.

이듬해 1980년 가을, 야마노우치와 복지신문사 사장 가와무라 사다하루河村定治 사이에 하나의 계획이 떠올랐다. 진작부터 야마노우치와 친교가 있던 가와무라가 복지에 대한 야마노우치의 예리한 고찰에 주목하여 신문에 복지 행정을 주제로 연재 기사를 써보지 않겠느냐는 이야기를 꺼낸 것이다.

"음, 쓰지 못할 것도 없습니다만 지금 제 입장을 생각하면 아무래도 붓이 무뎌집니다. 그러면 재미있는 글을 쓸 수 없지요."

야마노우치는 가와무라에게 대답했다.

"그럼 필명을 쓰세요."

가와무라도 어떻게든 받아들이게 하려고 끈기 있게 버텼다. 잠시 생각하던 야마노우치가 이런 말을 꺼냈다.

"그럼 필자는 일본을 잘 아는 외국인으로 하면 어떨까요?

이자야 벤다산이라는 이름으로 일본인론을 쓴 사람[44]도 있지 않았습니까?"

"그거 재미있을지도 모르겠네요. 꼭 부탁드립니다."

이런 대화가 오간 끝에 그해 10월부터 연재가 시작되었다. 제목은「복지 나라의 앨리스」. 필자는 스웨덴인 저널리스트 앨리스 요한슨. 일본의 사회복지연구비를 받아 일본에 온 인물이라고 소개되었다. 연재는 우선 복지라는 말을 언급한다. 세계적으로는 소셜 서비스social service라는 실천적인 사회활동을 가리키는 말이 일반적인데 일본에서는 왜 복지social welfare 라는 추상적인 이념이 일반화되었는가 하는 의문을 던지며 다음과 같이 그 이유에 대한 고찰을 더했다.

> 일본인의 심정을 전통적으로 지배해온 것 중 하나로
> 불교에서 말하는 '자비' 정신이 있습니다. 자연과의
> 교류에서 '모노노아와레'[45]나 '사비'[46]라는
> 특유의 전아한 감각을 키워온 일본인이 인간이나
> 그 사회를 대하는 태도로써 갖는 독특한 감각이
> 바로 '자비'라고 명명된 박애정신입니다. 일본인이
> 소셜 서비스를 '복지'라고 하며 소중히 하는 이유는
> 곧 이 '자비'의 가르침을 따라서입니다.
> 제1회

전후의 새로운 헌법은 당시 일본을 점령하던
미국인이 쓴 텍스트를 기초로 제정되었기 때문에
오늘날 일본에서는 일부 보수파 정치인의 노여움을
사고 있습니다만 그 한 구절에 소셜 웰페어를
드높이 강조한 부분이 있습니다. (중략)
아무튼 그때 헌법에 규정된 선명하고 강렬한
정책 이념의 표명으로 일본인의 '복지' 숭배가 격려를
받게 되었다는 것은 틀림없습니다. (중략)
다만 얼마간 비판적인 말을 하자면 '복지'를 국가 정책의
이념으로서 헌법에 위치시킨 일본인의 결단은 그 후
일본 소셜 서비스의 발달에 일종의 불균형을 가져오는
결과가 되기도 하는 것 같습니다.
일본 소셜 서비스의 불균형한 발달은 한편으로 극히
조숙한 복지국가의 이념을 키우고 또 한편으로는
미숙한 기술이나 조직의 뒤처짐을 남기고 있다는
것입니다. 일본의 헌법이 '복지'에 부여한 국가적 위신은

---

44 야마모토 시치헤이(山本七平)가 1970년 이자야 벤다산(Isaiah Ben-Dasan)이라는
  필명으로 출간한 『일본인과 유대인(The Japanese and the Jews)』이
  베스트셀러가 되었다.
45 もののあわれ. 헤이안 시대의 문학 및 그것을 낳은 귀족생활의 중심을 이루는
  이념으로, 모토오리 노리나가(本居宣長)가 『겐지 이야기(源氏物語)』를 통해
  지적한 것이다. 대상객관(対象客観)과 감정주관(感情主観)이 일치하는 데서
  생기는 조화 정취의 세계로, 인생의 깊이나 덧없음 등을 접했을 때 느끼는
  애틋한 정취를 말한다.
46 さび. 중세의 유현(幽玄)에서 발전하여 마쓰오 바쇼(松尾芭蕉)의 하이쿠에서
  완성된 일본 문학의 기본 이념으로 한적하고 인정미 넘치는 정취미가 특색이다.

막대한 힘을 발휘했습니다. 그러나 무슨 까닭인지
'복지'의 이념은 소셜 서비스 실천의 토양에 뿌리를
내리지 못한 채 헌법이라는 화병에 꽂혀 자라고
있습니다.
제2회

오늘날에도 일본인이 주창하는 '복지'는 기술이나
비용이나 인재를 동원하여 운영되는 소셜 서비스를
말하는 게 아니라 헌법에서 강조해서 말한 국가의
'자비'라는 책무를 말합니다.
제3회

이렇게 야마노우치는 우선 일본인의 복지관을 분석한 후 비판의 화살을 관료에게 돌린다. 그것은 먼저 전후 복지에 관계되는 법률을 만든 관료에게 향했다.

이러한 법률 제정자들, 그 입안을 담당한 관료들은
관청 기구나 건물로서의 복지 시설 설치에는
열심이었지만 소셜 서비스의 본질인 기술이나
인재 양성에는 놀랄 만큼 무관심했던 것 같습니다.
무관심했다기보다 일종의 낙천주의적 발상에
안주했다고 해야겠지요.
제11회

일본의 웰페어 오피스는 소셜 서비스에 필요한 기술과 인재 일체를 그 관청 기구 안에 완비하고 있다는, 마치 가공의 전제 위에 쌓아올려져 운영되고 있습니다. 그러므로 웰페어 오피스의 스태프는 지역의 공사公私 기관이나 전문가의 기술과 지식을 활용하려고 하지 않고, 관청 기구 사이의 제휴조차 충분히 이루려고 하지 않습니다.

이런 사태는 설령 법제상의 제약이 원인이 되어 일어난다고 해도 소셜 서비스가 기술적인 활동으로 발전하면 눈 녹듯이 풀릴 것입니다. 소셜 서비스는 그 기술 서비스로서의 합리성을 추구한다면 반드시 기관이나 제도를 횡단하는 직업적인 협조 활동에 도달하는 것이기 때문입니다.

일본의 소셜 서비스 현장에서는 아직 그런 징조를 찾아볼 수 없습니다. 공무원인 소셜 웰페어 스태프나 각종 웰페어 오피서의 소양이 참으로 발전적인 수준까지 높지 않았습니다. 그들에게는 직업적인 자부심보다 소속한 관청 기구에 대한 충성심이 더 강합니다.

제13회

그의 논고는 관료의 파벌주의가 일본 복지 행정의 성숙을 방해하는 원인이라고 지적하면서 복지를 문화나 행위로 인식하지 못한 일본인론으로 더욱 발전시켜나갔다. 복지란 추상

개념이 아니라 문화이고 행위다. 복지란 건물이나 기구가 아니라 무엇보다 사람이며 사람의 기술이다. 야마노우치는 반복해서 그렇게 말한다.

연재가 시작되자 가와무라에게 필자 문의가 쇄도하고 강연회 의뢰도 잇따라 난감했다고 한다. 연재는 97회, 만 2년간 계속되었다.

야마노우치의 복지에 대한 실천적 활동에서 나온 고찰이 여기서 문장으로 차례차례 결실을 맺어간다. 소설가를 목표로 하여 원고지 앞에 앉았던 야마노우치 젊은 날의 정열과 좌절은 그 정열의 대상을 복지로 바꿔 다시 야마노우치를 원고지 앞에 앉게 했다. 이 연재와 전후하여 야마노우치는 복지에 대한 생각을 한 권의 책에 담아 출판했다. 『내일의 사회복지시설을 생각하기 위한 20장』[47]이라는 제목의 이 책에서 야마노우치는 경제 우선의 시대에 엄중한 비판과 의문을 던졌다.

> 전후 30여 년 우리나라 산업계가 이룩한 기술 발전에는
> 크게 놀랄 만한 점이 있습니다. 그것은 선진국을
> 모방하여 성공했다고 해야 하는지도 모릅니다. 그러나
> 전시에는 무슨 일이 있을 때마다 정신주의 일변도였던
> 민족이 이 정도의 경제 발전을 이룰 만큼 기술을
> 구사해온 것입니다. 그런데도 왜 똑같은 일이 전후의
> 우리나라 사회복지에는 일어나지 않은 걸까요.
> 거기까지 생각하면 저는 우리나라 사회복지의

'기술 희박증'에는 단지 역사적 여유라는 조건만이
아니라 사회복지의 기술을 대하는 일본인의 태도,
대응 방식이 큰 영향을 끼치는 것이 아닐까
생각하기도 합니다.
첫째로 산업 기술과 비교하면 사회복지에서 발휘되는
기술이나 전문가 양성에는 완전히 이질적인 부분이
있습니다. 사회복지의 기술, 그것은 사람이 사람과
관계를 맺는 기술로 사실 그 국민 사회의 과학
상황보다는 인간관이나 사회관 자체를 큰 기반으로
발달하는 성격을 띱니다.
우리나라의 정신 풍토에는 어쩐지 사회복지 기술을
경시하는 문화 특성이 있는 게 아닐까, 그리고
그것이 전후 사회의 부흥 과정에서 산업경제의 성장을
우선시하고 사회복지의 기술적인 뒤처짐보다는
텔레비전이나 가정 전기기구의 보급을 신경 쓰는
'경제적인' 일본 문화를 만들어온 게 아닐까, 이것이
일본 사회복지의 성장 모습을 진단한 저의 다소
감상적인 결론입니다.

야마노우치는 사회복지를 경시하고 경제성장에만 모든 정력을 쏟았던 시대를 비판하고 복지 기술을 육성하는 일이 급선

---

47 『明日の社会福祉施設を考えるための20章』(中央法規出版, 1979).

무라고 했다. 그러나 그 후의 시대는 복지를 버리는 방향으로 더욱 속도를 높여 달려나간다.

1981년 6월. 행정과 재정 개혁을 추진하기 위해 설치된 임시행정조사회가 행정 개혁안을 답신했는데, 노인의료를 유료화하고 복지나 교육에 혹독한 압박을 가해나갈 방침을 밝히는 내용이었다.

이듬해인 1982년 11월. 나카소네 야스히로^{中曽根康弘}는 내각 발족의 소신을 표명하는 연설에서 '자립, 자조의 정신'을 호소하며 '강인한 문화와 복지'를 슬로건으로 내세웠다.[48] 이 슬로건은 다음과 같이 구체화되어간다. 우선 11월 17일, 임시행정조사회의 행정 개혁 흐름에 보조를 맞추는 형태로 후생성 사회국 보호과장의 이름으로 하나의 통지가 나왔다.

'생활보호의 적정 실시 추진에 대하여'라는 이름의 이 통지는 전국 복지사무소로 보내져 이후 복지사무소의 생활보호 행정을 크게 좌우한다. '사보 제123호'라는 번호가 붙었기 때문에 속칭 '123호 통지'로 불리는 이 통지는 조직폭력배 등이 부정하게 생활보호를 받거나 수급자가 몰래 고급 자동차를 모는 등 일부 사실을 크게 문제 삼아 수급 심사를 엄격하게 고쳐나가려고 한 것이다. 이 부정 수급 사건에 대해서는 후생성의 의향과 겹치는 형태로 《주간 신초》가 지면에서 철저하게 규탄하는 캠페인을 전개했다. 각 신문도 생활보호 부정 수급이 얼마나 많은지 후생성의 발표 그대로 하나하나 다루었다.

그러나 이 적정화로 보호가 끊긴 것은 실제로 모자 가정이나 독신 노인이 압도적으로 많았다. 여기서 전개된 것은 미나마타병 심사와 마찬가지로 '의심스러우면 구제하지 않는다'는 논리였다. 그 배경에는 국가의 사회복지 예산 감축이라는 사정이 있었다.

국가 예산에서 사회보장비의 신장률은 1978년에 19.1퍼센트였던 것이 그 이듬해에는 12.5퍼센트, 다시 그 이듬해에는 7.7퍼센트로 해마다 하강선을 그렸고 1982년에는 2.8퍼센트까지 떨어져 그 시점에서 방위비의 신장률과 역전되었다. 1985년도 예산에서는 지방 행정에 대한 국가 보조율이 10퍼센트 삭감되어 생활보호비 보조금은 10분의 8에서 10분의 7로 인하되었다. 국가는 복지의 책임을 지방 행정에 떠넘기고 복지 예산의 운영에 대해서는 중앙 주도형으로 강력하게 압박했다. 그 압박은 현장인 복지사무소 케이스워커caseworker의 대응에 반영되었다. 케이스워커란 생활보호신청 접수를 받거나 수급 세대를 정기적으로 방문하여 생활지도를 하는 직원을 말한다. 이 복지사무소 직원을 전문직으로 채용하는 도시 수는 무척 제한되어 있고 대부분 일반직으로 일괄 채용된 사람이 관청 내 인사이동으로 복지사무소에 배속되는 시스템이다.

다시 말해 어제까지 호적계나 세금 계산을 맡았던 직원이

---

48 《新地坪》, 1984년 5~6월호, p.57.

갑자기 케이스워커로서 복지 행정에 종사하여 생활보호 세대를 상대한다. 여기에는 전문 직업으로서의 기술도 훈련도 거의 존재하지 않는다. 생활보호 세대와 보호 신청자가 눈앞에 있는 현장만 존재하는 것이다.

야마노우치는 이러한 복지 현장이 안고 있는 문제에 착안하여 1985년에 『복지 업무를 생각한다』福祉のしごとを考える라는 책을 출판했다. 이 책에서 그는 1951년에 나온 '사회복지사업법' 제4장에 초점을 맞춘다. 제4장 18조 "사회복지 업무에 종사하는 사회복지 주사의 자격" 항에는 "사회복지 주사는 사무직 공무원 또는 기술 공무원이라 하고 나이는 20세 이상이며 인격이 고결하고 사려가 깊으며 사회복지 증진에 열의가 있고……"라고 적혀 있다. 야마노우치는 이 점에 대해 다음과 같이 언급한다.

> 이처럼 복지 업무에 종사하는 공무원의 자격 규정에는 인격이 고결하고 사려가 깊으며 복지 증진에 열의가 있어야 한다는 요건이 강력하게 명시된 것을 저는 무척 흥미롭게 생각합니다.
> 오해가 없도록 말해두겠지만 저는 인격이 고결하고 사려가 깊으며 복지 증진에 열의가 있어야 한다는 이념을 케이스워커 자신이 자기 수련의 목표로 삼는 것은 꼭 필요한 일이고 적극적으로 권장되어야 한다고

믿습니다. 그러나 인격이 고결하고 사려가 깊다고 하는,
원래 개인 윤리관에 속하는 도덕상 의무를 그대로
직업인의 자격 세계에 끌어들이는 것, 그것도 법률상
자격 요건으로 내세우는 점에는 어쩐지 의문이 남습니다.
생활보호를 비롯한 복지 업무에 종사하는 공무원의
윤리나 직업 이념에 대해 전후 사회복지의 새로운 출발에
어울리는 체계화가 충분하지 않았던 결과가 거기에서
보이는 듯합니다. 다시 말해 충분하지 않았기 때문에
일단 사회복지 업무가 사적인 구제 사업의 손에 맡겨진
시대의 직업윤리를 그대로 공무원인 케이스워커의
자격 요건으로 끌어들이고 말았다는 게 아닐까요.
다음으로 복지 업무에 종사하는 직업인에게 고결한
인격과 사려 깊은 마음이라는 도덕상 의무를 요구하는
것은 복지 업무 자체를, 상대를 인격적으로 훈도하는
일처럼 생각하는 견해를 반영한다고도 할 수 있습니다.
케이스워커의 경우에서 말하자면 보호 수급 세대의
생활 전반을 인격적으로 지도하는 일이 케이스워커의
역할이라는 견해로도 이어질지도 모르는 일입니다.
한 사람 한 사람의 케이스워커가 보호 수급자로부터
인격적으로도 신뢰를 받을 수 있도록 유의하는 것은
그것 자체로 중요한 일입니다. 그러나 그런 마음가짐이
한 발짝만 도를 지나치면 보호 수급자에게 케이스워커
개인에 대한 순종을 강요하는 잘못된 방향으로

발전할지도 모른다는 것도 충분히 주의해두고 싶은 점입니다.

복지 업무는 세상 사람들로부터도 인격이 뛰어난 사람이 종사하는 일이라며 존경받고 또 평소 업무에서도 여러 가지 어려움을 갖고 어쩔 수 없이 의존적인 생활 태도를 보이는 사람들을 상대하는 일이 많습니다. 그 때문에 이 사업에 종사하는 사람에게는 직업상 역할이 어느새 자기 자신의 인격적 자질에 대한 자존심으로 이어지는 경우가 일어나기 쉽습니다. 예전 사회사업 시대부터 복지 업무에 종사하는 사람은 고결한 인격과 사려 깊은 마음의 소유자일 거라고 기대되곤 했습니다. 복지 업무에 종사하는 사람에게 기대되는 인격이나 깊은 사려는 그 자체가 사업의 상대가 되는 사람들을 '지도'하거나 '훈육'하는 데 필요하기 때문일까요.

저는 그 이유에서만은 아닐 거라고 생각합니다. 복지 직장에서는 상대가 되는 사람들에 대한 직업적인 관계에서 상당한 자제심이나 반성의 도량이 없으면 독선이나 강요의 자세에 빠지기 쉽고, 그것을 스스로 인식하는 버팀목으로써 그 사람의 인격적인 고결함이 기대되어온 것이라고 생각해야 하지 않을까요. 케이스워커의 일은 부모가 어린아이를 키우듯이 상대의 생활방식 자체에 인격적인 책임을 갖고 작용하려는 관계에서의 작업이 아닙니다.
상대의 의식이나 감정을 통찰하지 않은 채, 또는
현재 놓여 있는 가족의 상황이나 사회적 조건을 충분히
파악하지 않은 채 케이스워커 자신이 지닌 가치관을
상대를 설득하거나 조언하는 데 활용하는 선을 넘어
이른바 강요의 영역에 달할 때 오히려 상대의 반발과
의욕의 침체를 부르는 일은 흔히 듣는 대로입니다.
더욱 치명적인 부분은, 그런 정신주의적 케이스워커는
그 세대의 자립 권장을 방해하는 진정한 요인을
수급자 본인뿐만 아니라 케이스워커 자신의 눈에서도
딴 데로 돌리는 일이 있다는 것입니다. 자립 권장을
방해한다는 것을 발견하려면 상당히 냉정하고
빈틈없는 통찰의 눈이 필요합니다. 그런데 그것을
처음부터 본인의 의욕 결여라는 하나의 요인에만
매달려 관찰해서는 도저히 올바른 판단을 기대할 수
없습니다.
의료 일에 대해 말하자면 의료 과실이 세상을
떠들썩하게 하고 의료사고 소송으로 번지는 일이
일어납니다. 교육 일에서는 교사의 자질을 걱정하는
목소리가 나오거나 교육을 학교에만 맡겨서는
안 된다는 의견이 나오기도 합니다.
그에 비해 사회복지 업무의 경우는 어떨까요.
사회복지 시설에서의 서비스 내용이 '복지 사고'로

시끄러워지거나 사회복지 직장에서 일하는 사람의
자질이 떨어짐을 걱정하는 목소리가 나오는 일은
거의 없다고 해도 좋습니다.
그러나 여기서 깊이 생각해보고 싶습니다.
사회복지 직장에서는 의료 일에서 문제가 되는
오진이나 의료사고가 정말 일어나지 않을까요.
이따금 신문 투고란에 부모의 비판으로
소개되는 문제 교사나 무기력한 교사가
사회복지 직장에서는 보이지 않는 걸까요.

복지 현장에 대한 야마노우치의 이러한 고찰은 그 급소를 적확하게 찔렀다. 그가 지적한 대로 사회복지 현장에서는 케이스워커와 생활보호 수급자 사이에 분쟁이 계속되었다. 현장에서는 아무런 전문 기술이 뒷받침하지 않은 정신론만이 활개를 치고 있는 것이 현실이다. 그 결과 케이스워커의 '독선'이나 '강요'로 생활보호가 끊기거나 수급을 둘러싼 분쟁으로 자살하는 사람이 다수 나왔다.

1987년 1월 23일, 삿포로에서는 생활보호 대상자에서 제외된 여성이 세 아이를 남기고 아사하는 충격적인 사건이 일어나 매스컴에서도 이를 크게 다뤘다.

마찬가지로 도쿄 23구 중에서도 특히 생활보호 **적정화**에 적극적으로 대응했던 아라카와구에서는 고령자나 모자 가정을 중심으로 생활보호 대상 세대가 격감했다. 1984년부터

5년간 생활보호 대상 세대는 2,500세대에서 1,400세대까지 뚝 떨어졌다. 그 결과 1987년 10월 78세인 여성이 케이스워커에게 생활보호 대상자에서 탈락한 것에 항의하는 유서를 남기고 자살했다.

1988년 12월에는 아라카와구에 살던 전직 호스테스가 분신자살을 했다. 병약한 그녀는 일을 나갈 수 없어 생활보호를 받고 있었는데 공동주택으로 찾아온 케이스워커가 "돈을 대주는 남자가 있지 않느냐"고 의심하며 남성용 속옷이 없는지 세탁물이나 벽장 안까지 뒤지는 괴롭힘을 받곤 했다.

마찬가지로 1988년 11월 72세 독거노인 남성이 생활보호 대상자에서 탈락한 사실을 괴로워하다 목을 매 자살한 사건도 일어났다. 이 남성을 담당했던 아라카와구 복지사무소의 케이스워커는 어느 인터뷰에서 다음과 같이 대답했다.

"조금이라도 노력하는 사람한테는 자상하게 대해줍니다. 하지만 노력하지도 않고 인생을 적당히 살아온 사람들뿐입니다. 저는 학력도 없고 데퉁스러운 사람이라 열심히 살아왔습니다. 그래서 '열심히' 살지 않는 사람은 용서할 수가 없습니다."[49]

그러나 자살한 이 남성은 '열심히'라는 추상적인 기준으로 케이스워커 여성과 일방적으로 비교되어 '나'보다 분발하지 않는다는 이유로 생활보호 대상자에서 탈락되지 않으면 안

---

49 大熊一夫, 『母をくくらないで下さい』(朝日文庫, 1992), p.217.

되었을까. 누가 어떻게, 그가 열심히 살지 않았다고 말할 수 있을까. 이런 케이스워커의 말이나 태도, 사고야말로 야마노우치가 그의 저서에서 염려하고 두려워하는 마음으로 적은 바로 그것이었다.

케이스워커의 독선적인 행위를 정당화하고 생활보호 수급 세대를 격감시키는 계기가 된 '123호 통지'가, 야마노우치 자신이 불과 2년 전에 있었던 후생성 사회국 보호과장의 이름으로 나온 것을 그는 어떻게 생각했을까.

나아가 그는 『복지 업무를 생각한다』에서 이렇게 말했다.

> 가족이나 친구 사이라는 인간관계에서도 아무것도
> 아닌 듯한 말이나 행동이 가슴속에서 엄청난 불쾌감을
> 남기는 경우는 우리가 흔히 경험하는 일입니다.
> 하물며 생활보호 수급자에게는 어떤 의미에서
> 당장의 생활 전부가 걸려 있기 때문에 담당 직원인
> 케이스워커의 언동이 얼마나 오해받기 쉽고 또
> 얼마만큼의 불안과 곤혹을 부를지는 충분히 상상할 수
> 있을 것입니다.
>
> 생활보호 업무에 종사하는 케이스워커에게는 그 일의
> 특성에 대응하는 지식이나 처리 능력이 필요합니다.
> 그러나 그런 지식, 능력과 아울러 저는 생활보호 업무가
> 인간을 상대로 하는 일이라는 점에서 케이스워커에게

우선 기대되는 기본 자질로 인간에게 관심을 가져야
한다는 조건을 제안하고 싶습니다.

생활보호 업무가 대인 접촉의 축적이라는 데서 생기는
케이스워커의 심적 긴장과 부담은 업무 시간의 틀 내에
그치는 것이 아니라 시간 외에나 휴일에도 그 심적
부담이 지속될 거라고 생각합니다. 그런데 그런 부담을
견딜 수 있는 심적 적응성을, 인간에게 갖는 관심이
부족한 사람에게 요구하기란 무척 어려운 일입니다.
그 적성이나 업무에 어울리는 자질이 부족한 인재가
복지 업무의 세계에서 직업을 택했을 때의 비극은
사실 업무 상대인 인간에게 불행을 미칠 뿐 아니라
그 직업을 택한 본인도 엄청난 고생을 하게 됩니다.
다른 일의 경우처럼 직업과 분리하여 자신의 생활을
영위할 수 없는 어려움을 수반하기 때문입니다.
매일 하는 일이 사람을 만나고 사람의 마음과 생활을
관찰하고 손을 쓰는 일을 계속하는 작업인 복지 업무,
그런 업무에 종사하는 직업인이 겪는 심신의 긴장과
부담, 그것을 견딜 만큼의 적응성은 바로 인간에 대한
관심과 흥미를 토대로 해야 비로소 획득할 수 있기
때문입니다.

그러나 현실은 달랐다. 관청 내에서는 복지사무소에 배속되는 것을 '유배'로 불렀다. 복지사무소가 관청 외부에 있는 경우가 많은 것도 그렇게 불리는 이유 가운데 하나다. 하지만 무엇보다 잔업이 많고, 경우에 따라 조직폭력배나 알코올 의존증 환자를 상대할 수밖에 없다.

그리고 관청 내의 출세 경쟁을 하는 사람에게 복지사무소 배속은 분명히 멀리 돌아가는 일이다. 복지사무소에 배속된 직원은 곧바로 전속을 희망하는 서류를 내고 '유배지'에서 돌아올 날을 은근히 기다리는 경우도 많다. 무슨 일이 있어도 피보호자 측에 서서 보호 수급자를 늘리는 실수를 저지르지 않는다. 그렇게 하면 그 후의 출세에 영향을 미치기 때문이다. 되도록 보호는 받아들이지 않고 임기를 채워 본청으로 돌아가는 것이 **보통의** 직원이다.

이는 지방 행정에 한정된 이야기가 아니다. 시청과 복지사무소의 관계는 중앙 관청에서도 그대로 들어맞는다. 그리고 중앙에서 지방 복지사무소에 해당하는 곳이 환경청이다.

환경청은 다른 성청보다 늦게 출발했기 때문에 이른바 청 내부의 간부에 해당하는 과장 이상의 자리는 당시 모두 다른 성청에서 파견 나온 사람들로 채워졌다. 다시 말해 복지사무소와 마찬가지로 원래 복지나 환경에 흥미가 있던 사람이 그 행정에 종사하는 것이 아니다. 당연한 결과로서 통상산업성 출신자는 통상산업성의 의향을 참작하여 환경 행정을 해나가게 된다.

나아가 이 구도는 각료 중 환경청 장관이라는 자리에도 똑같은 말을 할 수 있다. 1980년 7월부터 1년 4개월 동안 재임했던 제12대 환경청 장관 구지라오카 효스케鯨岡兵輔는 취임 당시를 돌아보며 이렇게 말했다.

"정말 좋지 않은 일이라고 생각합니다만, 자민당 정치는 파벌정치여서 환경청 장관은 고마운 자리가 아니라고 여겨지는 게 아닐까요. 왜냐하면 우선 예산이 적습니다. 지금도 500억 엔 정도잖아요. 이래서는 말이 안 되지요.

다음으로 정치적으로 보면 굉장히 중요한 관청이기는 하지만 대체로 이권에 얽매이지 않습니다. 따라서 아무도 되고 싶어 하지 않습니다. 예외가 아니어서 저도 환경청 장관이 되었을 때 솔직히 파벌이 적어서 하찮은 곳으로 쫓겨났구나 생각했습니다."[50]

야마노우치가 혼신을 다해 복지 업무에 주력했을 때 주위 사람 대부분은 "직업은 직업으로서 분리하고 자신의 생활을 했던" 것에 지나지 않는다. 또한 그렇게 하는 것이 "복지 업무에 어울리는 자질"인 것처럼 '복지'를 둘러싼 상황은 바뀌고 말았다. 이것이 야마노우치의 오산이었다.

야마노우치가 그 자질로 제시한 '인간에 대한 관심'은 복지 행정에 오히려 방해가 되었고 운 나쁘게 그 자질을 다른 사람

---

50 《BOX》, 1991년 5월호, p.32.

보다 갑절이나 갖고 있던 야마노우치가 복지에 가장 적합하지 않은 인재였는지도 모른다.

이러한 상황에서 자신이 믿는 대로 복지에 혼신을 다한 야마노우치는 인간으로서의 양심과 관료라는 직업 사이에 끼어 꼼짝 못 하게 된다. 그리고 야마노우치 심신의 긴장과 부담은 머지않아 그 마찰을 견디지 못하게 되어 '비극'이 일어나고 만다. 그 '비극'이 일어나기까지 그다지 긴 시간이 필요하지 않았다.

7장

식탁

12월 4일 저녁 8시. 2층 자기 방에서 쉬고 있던 남편이 계단을 내려왔다. 도모코는 아무튼 몸에 좋은 것을 먹여야겠다고 생각하여 수프와 마파두부를 만들어놓고 기다렸다. 남편은 식탁에 앉아 마파두부를 먹었다. 지카코가 회사에서 돌아오고 미카코도 학원에서 돌아왔다.

"딸들한테 물어보고 싶은 게 있소."

남편은 도모코에게 알렸다. 네 가족이 식탁에 둘러앉았다. 식사를 마친 남편은 힘없이 띄엄띄엄 말하기 시작했다.

"아빠는 오늘 관청을 그만둘 생각으로 휘갈겨 써놓고 왔다. 하고 싶지 않은 일은 아무래도 할 수가 없어. 미나마타 관련 일은 도저히 하고 싶지 않았거든. 자신한테 거짓말을 해야 하는 부분이 너무 많아. 아빠는 옳다고 믿는 일을 해왔다고 생각하지만……."

이런 이야기를 띄엄띄엄 하고 나서 장녀에게 물었다.

"앞으로 뭘 해서 먹고살까. 지카코, 네 월급을 믿고 살아도 될까?"

지카코는 올봄 S 여자단기대학 영문과를 졸업하고 4월부터 요코하마 사쿠라기초桜木町에 있는 N 통운에 취직했다.

도모코는 갑작스러운 이야기에 동요했다. 그러나 되도록 평정을 가장하며 세 명을 향해 환하게 말했다.

"어떻게든 될 테니까 걱정 마요."

'이 사람이 정한 것이니 그것대로 어쩔 수 없는 일이다.'

도모코는 몇 번이고 자신을 이렇게 타이르려고 했다.

'지금까지도 몇 번이나 힘든 일이 있었다. 하지만 이 사람은 늘 괜찮소 내게 맡기시오, 라며 결국 해결해오지 않았던가. 이번에도 그럴 것이다. 지금까지와 마찬가지로.'

잠자코 듣고 있던 차녀 미카코가 입을 열었다.

"난 대학에 가도 괜찮아요?"

미카코는 도립 M 고등학교 3학년이다. 수의사가 되고 싶어 수험 준비를 하고 있었다. 공통 1차 시험이 한 달 뒤로 다가와 있었다.

"아, 그렇구나……. 너 내년에 대학에 가는구나."

남편은 처음 듣는다는 듯이 중얼거렸다.

'아, 그렇구나라고 할 게 아닐 텐데. 이 사람은 대체 어떻게 된 걸까.'

도모코는 남편의 반응이 너무나도 얼빠진 것을 이해할 수 없었지만 미카코가 불안해하는 것을 보고 말을 이었다.

"넌 하고 싶은 게 분명히 있으니까 걱정하지 말고 열심히 공부해."

그리고 여전히 맥이 빠진 듯이 앉아 있는 남편을 향해 되도록 밝게 말했다.

"정년이라고 생각하면 돼요. 좀 앞당겨졌다고 생각하면 되잖아요. 얼마든지 해나갈 수 있어요. 괜찮아요, 괜찮아."

남편은 입을 다문 채 그런 도모코를 잠시 쳐다봤다.

"아빠는 남한테 부탁하거나 일을 맡기는 게 서툴러서 힘들어지는 거야."

미카코가 불쑥 말했다. 감수성이 무척 예민하고 순수한 미카코는 아버지와 닮은 데가 있었다. 그만큼 그녀는 아버지의 성격을 날카롭고 정확하게 파악하고 있었다.

두 딸이 각자 방으로 돌아가고 거실에는 부부만 남았다. 남편은 그제야 조금 안정을 찾은 것 같았다. 둘만 남자 도모코는 22년의 결혼생활을 돌아보며 남편에게 말했다.

"그동안 정신없이 바쁘기만 했네요."

그것이 솔직한 마음이었다. 남편은 의외로 환하게 살짝 웃으며 이렇게 말했다.

"아아……. 그런대로 즐거웠어."

그 한마디에 도모코는 후유 하고 가슴을 쓸어내렸다. 이 사람 입에서 힘든 일뿐이었다거나 괴로웠다거나 하는 말이 나오면 어떡하지 생각했는데 '즐거웠다'는 한마디에 자신의 고생도, 이 사람의 분주함도 보상받은 듯한 기분이 들었다. 그러고 나서 잠시 둘이서 두서없는 이야기를 나누고 남편은 2층으로 올라갔다.

'이제 한동안 쉬게 할 수 있겠구나.'

남편의 등을 올려다보며 도모코는 생각했다. 밤중에 한 번 남편이 걱정되어 잠에서 깼다. 계단을 올라가 조용히 방문을 열고 안을 들여다보았다. 남편은 잠들어 있는 것 같았다. 그러나 이불 옆으로 다가가자 남편은 눈을 떴다.

"자요?"

도모코가 묻자 남편이 이불 속에서 살짝 고개를 끄덕였다.

8장

부재

"환경청으로 이동하게 되었소."

출근하는 남편을 평소처럼 현관까지 배웅하러 나간 도모코는 돌연 이런 말을 듣고 할 말을 잃었다.

"괜찮소, 나한테 맡겨두시오."

놀란 도모코에게 이렇게 말한 남편은 현관을 나갔다.

1986년 9월 5일. 야마노우치는 27년간 소속했던 후생성에서 환경청으로 이동하여 관방장에 취임했다. 후생성이라는 큰 관청에서 환경청이라는 작은 관청으로 이동한 것을 걱정하는 목소리도 있었다. 그러나 야마노우치는 후생성 시절 공해과에 속하여 공해대책기본법을 제정하는 데 힘썼다는 자부심이 있었다.

환경청으로 이동했을 무렵 친구 이토 마사타카가,

"일하는 보람이 있는 관청으로 옮겼군그래."

라고 말하자 야마노우치는 웃으면서 기쁘게 말을 이었다고 한다.

"그렇게 생각하나? 아니, 실은 나도 그렇게 생각하네."

야마노우치가 관방장에 취임하기 한 달 전쯤 환경청으로 이동한 사람이 또 한 명 있었다. 제18대 환경청 장관 이나무라 도시유키稲村利幸다.

이나무라는 도치기현栃木県의 정치인 가문 출신 국회의원으로 서른넷이라는 젊은 나이에 처음으로 당선했다. '청결한 정치가'를 캐치프레이즈로 내걸고 1986년 7월 22일 제3차

나카소네 내각 조직 때 처음으로 입각했다.

그러나 표면적인 얼굴과는 반대로 이나무라는 "주식꾼이 정치가가 되었다"는 말을 들을 정도로 주식 투자를 좋아해서 퇴임할 때까지 1년 4개월 동안 장관실에서 거의 매일 주식 거래를 되풀이하는 등 대체로 환경 행정과 인연이 없는 나날을 보냈다.

원래 이나무라는 '청결함'과는 좀 거리가 먼 정치가였다. 1980년 마음대로 주가를 조종하는 큰손 집단인 '세이비 그룹'이 매점한 미야지철공소 주식을 부인 명의로 4만8000주 샀다는 사실이 드러나 "지인의 부탁을 받고 아내 명의를 빌려주었습니다. 그때는 미야지철공소 주식을 산다는 이야기가 없었습니다. 이런 사태에 그저 놀랄 뿐입니다"라는 구차한 변명을 늘어놓았다.

그 후 1985년에도 투자 저널 사건[51]으로 체포된 나카에 시게키 中江滋樹에게 자금 운용을 맡기고, 융자를 받은 사실이 드러난 제1비서가 사임했다. 그때 이나무라는 말했다.

"저는 나카에 회장과 일면식도 없고 전혀 모릅니다. 비서도 피해자이지만 사표는 수리할 생각입니다."

재임 중의 주식 거래는 오천만 주, 삼백수십 회에 이른다. 처음에는 대형 증권회사를 거래 창구로 이용했지만 주가가 생각처럼 오르지 않거나 손실을 보거나 하면 담당자를 장관실까지 불러들여,

"국회의원한테 손해를 끼치고도 괜찮다고 생각하나?"

하고 큰 소리로 호통쳤다고 한다. 주식 매매로 정평이 난 정치가였던 셈이다. 그런 지저분한 주식 거래 방식에 대형 증권회사는 점차 손을 떼고, 마지막에는 중소 증권회사밖에 상대해주지 않았던 것 같다.

이나무라는 4년 후인 1990년, 장관 시절의 17억 엔에 이르는 탈세로 체포당하게 된다.[52]

환경청으로 이동한 야마노우치는 후생성 공해과에서 공해대책기본법 제정에 관여한 이래 19년 만에 환경공해 행정에 임한다. 야마노우치가 이동했을 당시 환경청이 안고 있던 문제는 공해 건강 피해 보상제도의 개정이었다. 이 보상제도는 야마노우치와 친교가 깊었던 하시모토 미치오가 수행한 일로, 공해 환자에게 그 등급(특급부터 3급까지)에 따라 사전에 공해 배출 기업으로부터 모은 대책비를 보상금으로 지불한다는 내용이었다.

그러나 경제단체연합회는 공해 환자가 전국에 10만 명에 달해 기업 부담 총액이 천억 엔을 넘게 되자 통상산업성이나 환경청에 압력을 가해 어떻게든 이 법률을 폐지하려고 했다. 이제 대기오염은 과거만큼 심하지 않은데도 기관지 천식 등의 공해 환자가 증가하고 있는 건 이상하다. 천식은 에도시

---

51 증권 관련 잡지를 발행하던 투자저널사의 주식 부정 매매 사건.
　1985년에 체포된 나카에는 1989년 징역 6년형을 판결받았다.
52 《朝日新聞》, 1990년 12월 20일.

대부터 있는 병으로, 담배 등이 원인인 경우가 많다. 따라서 공해가 원인이라고는 말할 수 없기에 보상하지 않는다는 논리였다.

세 배나 완화된 이산화질소 농도 기준조차 대부분 지역에서 지켜지지 않는 상황에서 "공해는 끝났다"는 대합창이 기업, 매스컴, 학자의 협력으로 되풀이되었다. 《주간 신초》에는 가짜 공해 환자를 고발하는 기사가 실렸다.

이 보상제도의 창시자인 하시모토 미치오는 "이제 공해는 끝났다"는 경제단체연합회나 통상산업성의 주장을 학자의 입장에서 옹호한다. 미나마타병이나 이산화질소의 환경 기준 개악에서 기요우라 라이사쿠가 했던 어용학자의 역할을 이번에는 하시모토가 하게 된 셈이다.

그 결과 그해 10월 30일 공해대책심의회의 답신이 이나무라 장관에게 건네졌다. 환경청은 그 이후 천식 등 공해 환자의 신규 인정은 일절 하지 않겠다는 방침을 내렸다.

야마노우치가 이동한 당시의 환경 행정은 예전처럼 환자를 구제하기 위해 대장성이나 운수산업성과 대립하며 존재감을 보여주던 무렵과는 입장이 180도 바뀌었다. 설립한 지 15년이 지난 환경청은 국가의 입장을 대변하는 **어른**의 관청으로 변신한 것이다.[53]

그 무렵 야마노우치 부부는 비교적 온화한 일상을 보내고 있었다. 딸들에게도 손이 가지 않게 되어 휴일에는 둘이서 그림이나 영화를 보러 가는 일도 많았다. 어느 날은 둘이서 신주쿠의 이세탄 미술관에 갔다. 전시는 피카소와 세잔 등의 〈인상파, 후기 인상파 회화전〉이라는 제목이었다.

평소에는 전시회장 안으로 들어가면 따로 그림을 보며 돌다가 출구에서 만났지만 이때 도모코는 한 가지 아이디어를 생각해냈다. 대충 그림을 보고 출구로 온 남편에게 도모코는 장난스럽게 말했다.

"가장 마음에 든 그림 앞으로 데려가주세요."

남편은 그림을 봐도, 책을 읽어도 확실히 좋다거나 재미있다고 말하는 일이 거의 없었다. 그걸 도모코도 잘 알고 있었다. 그러나 이때만은 도모코도 고집을 부렸다. 떨떠름한 기색을 보이던 남편은 곧 인파를 거슬러 다시 입구를 향해 걷기 시작했다. 도모코는 두근두근한 마음으로 남편의 뒤를 따라갔다. 잠시 후 남편은 한 그림 앞에서 걸음을 멈췄다.

'아아, 오늘 여기 온 게 다행이었구나.'

도모코는 그 그림을 보고 생각했다. 남편이 걸음을 멈춘 그림은 오늘 본 수많은 작품 가운데 도모코도 가장 마음에 들었기 때문이다.

클로드 모네의 〈템즈강의 채링크로스 다리〉였다. 모네는 겨울의 런던을 사랑했다. 무엇보다도 런던의 안개가 그를 매혹한 것 같다. 예순 살을 맞이한 모네는 1900년부터 1903년

---

53 《朝日ジャーナル》, 1986년 11월 14일, p.98.

에 걸쳐 거듭 런던을 방문하여 안개 낀 풍경을 그렸다. 이 그림은 1903년에 그린 작품으로, 엷은 보라색 안개에 휩싸인 템즈강과 그가 줄곧 사랑했던 다리 하나가 그려져 있다.

어쩐지 긴장이 풀려 안도한 기분과, 남편과 같은 그림을 골랐다는 기쁨에서 도모코는 그 복제판 그림을 사서 집으로 돌아왔다.

그 무렵 두 사람은 자주 그림 전시회에 다녔다. 특히 인상파 그림을 좋아했다. 야마노우치는 한번 해외 출장으로 파리에 갔다가 오르세 미술관에 들른 적이 있었다. 인상파 회화를 소장한 그 미술관이 야마노우치는 무척 마음에 들었다. 정년을 맞이하면 함께 오르세 미술관에 가자. 그것이 만년을 맞이하는 부부의 소박한 꿈이었다.

영화는 대체로 도모코가 가자고 했으나 드문 일이게도 어느 날 남편이 말을 걸어왔다.

"영화나 보러 가지 않겠소?"

좀처럼 없는 일이어서 이상하다고 생각했지만 내키지 않는 것도 아니어서 신주쿠의 레스토랑 '나카무라야'에서 만나기로 했다.

일을 마치고 온 남편은 그날 볼 영화도 극장도 이미 정해놓고 있었다. 극장은 신주쿠 가부키초에 있는 시어터 애플이었다. 거기서는 영화 〈이토록 긴 부재〉를 닷새 동안만 재상영하고 있었다.

"이 영화는 젊을 때 처음 보고 나서 오늘로 다섯 번째요."

남편은 감개무량한 듯이 중얼거렸다. 평소에는 좋아하고 싫어하는 것을 확실히 말하지 않는 남편이 이렇게 감정을 담아 이야기하는 모습을 보고 도모코는 이 한 편의 영화에 강한 흥미를 갖고 두근두근하는 마음으로 막이 오르기를 기다렸다.

〈이토록 긴 부재〉는 1964년 일본에서 공개된 프랑스 흑백 영화다. 무대는 파리. 계절은 여름. 테레즈는 교외에서 카페를 운영하는 중년 여성이다. 어느 날 한 남자가 콧노래를 부르며 가게 앞을 지나간다. 테레즈는 그 남자의 얼굴을 보고 깜짝 놀란다. 남자는 16년 전에 게슈타포에게 연행된 채 행방불명된 남편 알베르를 쏙 빼닮았기 때문이다. 남자는 과거의 기억을 모두 잃어버렸다. 강가에 판잣집을 짓고 헌 잡지를 모아 생활하고 있던 그 남자가 자신의 남편이라고 테레즈는 확신했다. 남자는 목에 건 가위를 내려 주워온 잡지의 사진을 오려내서는 소중한 듯이 상자에 보관했다.

테레즈는 남자를 카페에 초대하여 함께 식사를 하며 어떻게든 기억을 되찾게 하려고 한다. 식후에 두 사람은 주크박스에서 흘러나오는 노래에 맞춰 춤을 춘다. 테레즈는 남자의 후두부에 큰 상처가 있는 것을 발견한다. 밤, 가게를 나가 돌아가려는 남자의 뒷모습에 대고 테레즈는 남편의 이름을 불렀다. 남자는 걸음을 멈추고 천천히 두 손을 올렸다. 그에게서 되살아난 것은 전쟁 중 나치의 기억뿐이었던 듯하다. 혼자 남겨진 테레즈는 그래도 겨울이 되면 다시 남편이 돌아올지도 모른다고 희미한 희망을 가슴에 품는다.

이 영화를 구성하는 전쟁의 기억, 남편을 기다리는 아내, 스크랩 취미, 부재를 둘러싼 다양한 사건. 이것들은 야마노우치의 인생과 겹치는 부분이 많다.

야마노우치는 과연 테레즈에게 누구를 겹쳤을까. 남편을 잃고, 그리고 도요노리라는 외아들을 남겨두고 집을 나간 어머니일까. 아니면 두 번 다시 집으로 돌아오지 않은 아버지와 어머니를 마음속 어딘가에서 지금도 계속 기다리고 있는 무의식의 자신일까. 그리고 알베르에게 누구를 겹쳤을까.

"여보……, 이 영화를 왜 다섯 번이나 봤어요?"

영화관을 나온 도모코는 신주쿠 거리를 걸으며 되풀이해서 물었다. 그러나 남편은 웃기만 할 뿐 마지막까지 그 이유를 말하지 않았다.

그 무렵 도모코는 자신에 대해 이야기하려고 하지 않는 남편이 무슨 생각을 하고 무엇을 느끼는지 영화나 그림을 보러 다님으로써 확인하려고 했다. 직접 마음을 물어보려고 해도 이 사람에게는 힘들다는 것을 도모코는 오랫동안 부부로 살아온 경험을 통해 다 이해하고 있었다. 물론 체념하는 마음도 있었지만 그 무렵에는 말로 하지 않아도 서로 이해하고 있다는 일종의 자신감 같은 것이 싹텄을지도 모른다. 이심전심……. 이런 말이 도모코의 머릿속에 있었다. 그만큼 두 사람은 싸움다운 싸움을 하지 않게 되었고 말을 필요로 하지 않게 되어 있었다. 이 부부가 특별했던 것은 아니다. 두 아이를 어느 정도 키워낸 부부에게는 그리 드문 일도 아니었을 것이다. 도모코도 그렇게 생각했다.

야마노우치는 미술관 순례 말고도 또 하나의 꿈이 있었다. 그것은 쉰 살을 넘긴 남자라면 누구나 한 번쯤 가졌을 평범한 꿈, 자신의 집을 갖고 싶다는 것이었다.

야마노우치가 환경청으로 이동한 이듬해인 1987년 3월 29일, 야마노우치 가족은 세타가야의 가미요가에 있는 공무원 주택에서 도쿄 교외의 단독주택으로 이사를 갔다. 세타가야의 공무원 주택은 관청에서도 가까워 편리했다.

"단독주택이면 지금보다 관청에서 멀어질 거고 몸에도 부담이 될 테니까 정년 때까지는 여기에 있어도 괜찮아요."

도모코는 이렇게 말했지만 남편은 직접 《주택 정보》 등을 사와서 페이지를 넘기고 있었다. 머지않아 주말에는 둘이서 정보지를 한 손에 들고 여기저기 돌아다녔다. 아자미노, 다마뉴타운, 미도리야마 등을 이곳저곳 돌아보았지만 마음에 드는 물건은 찾지 못했다. 맨션이라도 상관없다는 도모코와 달리 남편은 단독주택에 집착했다. 가을이 되어 마치다의 야쿠시다이에 주택업자가 지은 주택이 매물로 나왔다는 말을 듣고 함께 보러 갔다. 야쿠시다이는 신흥 주택지였는데 녹음이 많이 남아 있고 자연이 풍부했다. 무엇보다 근처에 야쿠시못이라는 아름다운 연못이 있었다.

야마노우치가 사이타마 시절에 살았던 공무원 주택 바로 옆에는 벳쇼누마 공원이 있었고, 그 후 이사해서 살았던 세타가야의 가미요가 근처에는 바지코엔 공원이 있었다. 야마노우치 부부는 휴일이면 공원에 가서 하루종일 느긋하게 지낸 일이 많았다. 한 번 가봤을 뿐인데도 야마노우치는 야쿠시 연못이 굉장히 마음에 든 모양이었다. 그런데 모집일 일주일 전부터 줄을 서야 한다는 말을 듣고 일단 그 물건은 포기했다. 10월의 어느 날 다른 물건을 보러 갔을 때 그날이 마침 야쿠시다이 주택의 두 번째 모집일이라는 사실을 알고 바로 가보기로 했다.

사무소로 가서 보니 주택지 지도의 한 구획에 아직 장미꽃이 붙어 있지 않은 데가 있었다. 상황을 물어보니 딱 세 채가 남아 있다고 한다. 두 사람은 그 자리에서 계약했다.

부지 면적 55평, 목조 이층 주택. 가격은 4,780만 엔. 야마노우치는 후쿠오카에 사는 숙모의 권유도 있어 후쿠오카 오노조大野城의 토지를 샀는데 이를 부동산업을 하고 있던 어릴 적 친구에게 팔아 자금을 마련했다. 부족한 돈은 은행에서 빌렸다.

자신의 집을 갖게 된 것이 정말 기뻤는지 그날부터 이삿날까지 약 5개월 동안 야마노우치는 가끔 그 집을 찾아갔다. 가족 넷이서 도시락을 싸서 야쿠시 연못으로 소풍을 가는 일도 있고 도모코와 둘이서 갈 때도 있었다.

"창문을 열어 환기 좀 시키고 오겠소."

이렇게 말하고는 아직 가구고 뭐고 아무것도 없는 집 안에서 혼자 하루를 보내고 온 적도 있었다. 그럴 때 야마노우치는 카메라를 들고 가서 아무것도 없는 마룻바닥에 책상다리로 앉아 행복한 듯이 웃고 있는 자신의 사진을 찍기도 했다.

이사를 한 1987년 8월, 야마노우치가에 가족이 하나 늘었다. 강아지 고로다. 어느 날 저녁, 딸 미카코가 근처 공원에 버려진 강아지를 불쌍히 여겨 데려왔다. 처음에는 키울 만한 사람을 찾아봤지만 집에 두는 동안 애정이 생겨 결국 집에서 키우기로 했다. 미카코가 고로라는 이름을 지어주었다. 아침저녁 고로의 산책은 도모코가 떠맡았다.

산책하러 나가게 되어 도모코는 새삼스레 집 주위에 남아 있는 자연의 풍부함에 깜짝 놀랐다. 그리고 계절의 변천에 따라 변해가는 화초가 무척이나 흥미로웠다.

"그 공터에 하얀 꽃이 피었어요."

"그 길가에 덩굴풀이 뻗었어요."

저녁식사 때는 이렇게 그날 본 화초의 관찰 결과를 남편에게 즐거운 듯이 보고했다. 머지않아 도모코는 야마토케이코쿠샤山と溪谷社에서 나온 『일본의 들풀』日本の野草이라는 화초 도감을 사왔다. 산책을 나갔다가 돌아오는 길에 눈길이 머문 화초를 따와서는 그 도감으로 이름을 찾아보는 일을 낙으로 삼았다.

1987년 9월 25일. 야마노우치는 환경청 자연보호국장에 취임했다. 그 후 국립공원의 관리나 오키나와 이시가키섬 시라호의 산호초 보호를 둘러싼 문제에 주력하게 된다. 부부가 같은 시기에 자연에 관심을 갖게 된 것이다.

어쩌다 주말에 부부가 고로와 산책을 나갈 때면 도모코는 길가에 핀 화초의 이름을 즐거운 듯이 남편에게 가르쳐주며 걸었다. 얼마 안 있어 산책에서 돌아온 두 사람은 뜯어온 화초를 사이에 두고,

"이건 미국가막사리요."

"아뇨, 노랑도깨비바늘이에요."

하며 식사 준비는 뒷전으로 하고 화초 도감과 눈싸움 놀이를 시작하게 된다.

1988년 3월, 야마노우치는 화초 관찰일기를 쓰기 시작한다. 이 일기를 더듬어가면 산책을 하는 부부의 모습이 또렷하게 되살아난다.

  3월 12일

조개나물   꿀풀과   조개나물속   4~5월

곳곳에 큰개불알풀   머지않아 자주광대나물도

냉이도 군데군데

가느다란 봄망초

떡쑥을 한두 군데서   야쿠시 연못에서   제비꽃도

3월 18일

타래난초 난초과 타래난초속

뱀밥 군락을 보다 광대나물 방가지똥 개쑥갓인가

유럽점나도나물

3월 26일

무릇 백합과 8~9월

살갈퀴 꽃 군데군데

황새냉이인가 뜰에도 민들레 드디어 여기저기에

25일 기류桐生에서 긴병꽃풀 선개불알풀을 보다

4월 8일

큰까치수염 앵초과

5월 24일

큰땅빈대 대극과

도모코 붉은토끼풀을 따다

국회 주변에서 등심붓꽃 확인

이 무렵에는 주말에 고로를 산책시킬 때만이 아니라 점심시간 직장인 가스미가세키 주변이나 출장지에서도 식물 관찰을 계속했다.

6월 10일
구시로 근교 제비꽃 서양민들레

6월 18일
비수리
도모코 가마쿠라에서 큰까치수염을 봤다고

10월 22일
이고들빼기 군집
더운 여름 탓인가(도모코의 주장)? 땅빈대의 흰꽃

일기는 이렇게 일 년 넘게 계속된다. 이 무렵 발표된 야마노우치의 에세이에 흙에 대한 친밀감을 언급한 부분이 있다.

> 자연보호나 환경 문제를 생각할 때는 물론 흙이나
> 흙에서 자라는 생물에 대한 이해가 필요하다.
> 그러나 그것만이 아니라 우리가 계승하고 또 후세에
> 물려주려는 일본 문화나 생활 문자 그대로 토대가
> 되는 체험이라는 의미에서 흙과 친하게 지내는 일이
> 소중한 게 아닐까. 흙과 친하게 지내고 흙을 아는 것의
> 소중함이 잊히고 있다는 기분이 든다.
> 다만 이렇게 역설해봐도 지난 30년간의 내 생활에서
> 흙과의 접촉이 없었던 그 공백은 자못 크다고 할 수 있다.

그 사이에 태어나고 자란 두 딸에게는 이미 흙과 친하게
지낸 기억조차 없다. 텔레비전에서 흙의 과학 강좌가
시작되면 2층으로 올라가 CD나 카세트로 음악을 들으며
즐기는 딸들에게 흙이 있었던 내 소년 시절의 생활을
어떻게 전해줄 수 있을지 나는 전혀 자신이 없다.

야마노우치는 결코 풍요로운 소년 시절을 보내지 않았다. 확실히 집에는 넓은 밭도 있고 길에는 자연이 많이 남아 있었겠지만 그런 자연을 몸으로 접한 경험은 없다. 그가 말하는 흙과 친하게 지낸 기억이란 그 자신의 손으로 만들어낸 거짓 기억이다.

그가 도모코와 둘이서 찾은 자연과의 교류는, 그의 내부에서 부재했던 소년 시절의 나날을 52년이 지난 지금 다시 메워가는 행위였다.

도모코는 따뜻한 밥에 된장국의 김이 오르는 식탁을 보는 것만으로 행복을 느끼는 타입의 사람이었다. 그 반대로 남편은 일상에서 기쁨이나 행복을 찾는 게 서툴렀다. 그런 평온한 행복에는 흥미가 없었다.

그런데도 함께 산책을 하다가 불쑥 도코모에게 묻는 일이 있었다.

"나하고 있으면 행복하오?"

"같이 있어서 즐겁소?"

도모코가 확실히 대답하지 않으면,

"한 남자를 행복하게 했으니까 그걸로 만족하시오."

하고 말하기도 했다.

"어머, 행복하게 해준 남자가 한 사람이 아닐지도 몰라요."

도모코는 농으로 얼버무리며 함께 웃었다. 요리를 좋아했던 도모코는 휴일이면 집에서 자주 빵을 구웠다.

"맛있어요?"

도모코가 물으면 남편은 꼭 이렇게 대답했다.

"응, 맛있소."

그러나 '오늘은 특별히'라며 블루마운틴 커피콩을 갈았을 때도, 인스턴트커피를 끓였을 때도 남편은 똑같이,

"오늘 커피는 참 맛있군그래."

하며 마시는 사람이었다.

일 이외의 생활에는 그다지 흥미를 보이지 않고 뭔가에 쫓기듯이 일하는 남편에게 도모코는 말할 수 없는 불안감을 느끼고 있었다.

도모코는 남편에게 고로와 함께 산책을 가자고 하거나 휴일을 야쿠시 연못에서 멍하니 보냄으로써 '이런 행복도 있어요'라고 남편에게 말을 붙이려고 했다. 도모코에게는 식물관찰도 그런 시도 가운데 하나였던 것이다.

두 사람은 간신히 찾아온 평온한 일상을 각자 다른 불안을 안은 채 보내고 있었다. 1990년이 되어도 야마노우치의 관찰일기는 계속된다.

4월 1일
광대나물 코딱지나물 긴병꽃풀 지장보살 옆
언덕길에서
세잎양지꽃(인 듯한) 이식림 옆에서

4월 8일
살갈퀴와 새완두의 차이 꽃마리인가
저녁에 도모코와 외출하여

4월 30일
아침에 도모코와 함께 고로를 데리고 산책
꼭두서니인가 민들레의 차이
만요엔에서 일본조개나물을 알다

그해 봄에 장녀 지카코가 단기대학을 졸업하고 N 통운에 취직했다. 야마노우치는 딸이 취직하게 되어 쓰지 않게 된 공부 책상을 자신의 방으로 가져와 기쁜 마음으로 사진을 찍었다. 야마노우치가 쓴 에세이에 따르면 이 책상은 오랜 역사를 갖고 있는 듯하다.

 야마노우치는 어렸을 때부터 크고 묵직한 책상에서 글을 쓰고 싶다는 꿈이 있었다. 그 무렵의 꿈이 시인이나 소설가가 되는 것이었기 때문이다. 결혼할 때 도모코의 혼수용 가재도구 중에 큼직한 응접실용 테이블이 있어서 한동안 그것을 서재 책상으로 썼다. 사이타마 시절을 거쳐 가미요가로 이사했을 때 야마노우치는 자신이 쓸 책상을 샀다. 그러나 장녀가 초등학교에 들어가자 그 책상은 딸의 공부 책상이 되어 야마노우치의 손을 떠났다. 혼수용 가재도구인 테이블은 도모코의 재봉틀 받침대가 되어 있었다. 어쩔 수 없이 편지를 쓸 때는 식탁을 사용하게 되었다. 야마노우치는 식사 때면 펜과 잉크를 들고 집 안을 이리저리 돌아다녔다.

그로부터 12년, 이 책상은 긴 여행을 끝내고 드디어 야마노우치의 수중으로 돌아온 것이다.[54]

야마노우치는 글이나 편지를 부지런히 쓰는 사람이다. 무슨 일이 있을 때마다 친구나 지인에게 편지를 썼다. 선물에 대한 답례장이기도 하고 동창회에서 만난 친구에게 연락하는 편지이기도 했다. 매일같이 누군가에게 편지를 보냈다. 연하장도 매년 늘어 그 무렵에는 천 매가 넘었다.

그는 정리광이기도 해서 타인에게 받은 편지나 오려 놓은 신문기사 등을 성실하게 정리하여 서류함에 보관했다. 야마노우치는 딸에게서 돌려받은 책상 앞에 앉아 그런 작업을 했다. 그러나 소년 시절의 꿈을 의탁하고 12년의 공백을 넘어 자신에게 돌아온 그 책상에서 야마노우치가 마지막으로 쓴 것은 에세이도 소설도 친구에게 보내는 편지도 아닌 상사에게 보내는 사죄의 글이 되고 말았다.

부재

1990년 5월 6일
꿩의밥 참새피 골풀과
논두렁에 누운주름잎 주름잎의 군생
근처에 벼룩나물 개보리뺑이인가(?)

야마노우치의 식물 관찰일기에서 날짜가 적힌 글은 이것이 마지막이다. 그 후 일기에는 초롱꽃, 꿀풀 등 식물의 이름이 적혀 있을 뿐이다. 식물에 흥미가 약해졌다기보다 바쁜 나머지 식물로 향하는 시간을 빼앗겼다고 보는 편이 더 정확할 것이다. 노트의 한 페이지에 '야고'라고 한마디만 쓸쓸하게 적은 것을 마지막으로 일기는 끝이 난다.

야마노우치가 기획조정국장에 취임한 시기가 바로 그 무렵이다.

---

54 《政府刊行物新聞》, 1989년 1월 20일.

9장

귀가

1990년 7월 10일. 야마노우치는 환경청 수석 국장인 기획조정국장에 취임했다. 자연보호국장에서 기획조정국장이 되는 것은 사무차관이 되기 위한 길이다. 야마노우치는 본격적으로 차관에 오르기 위한 레일에 올라탄 셈이다.

이 당시 환경청은 이시가키섬 시라호의 신공항 건설, 나가라강 하구언 건설, 지구온난화 방지 등 많은 과제를 안고 있었다. 어느 것이나 개발이냐 자연보호냐, 즉 현지 주민의 생활이냐 하는 양자택일에 내몰리는 굉장히 현실적인 이유로 골머리를 썩던 문제다.

야마노우치는 지구온난화 방지 계획을 정리하고 8월에는 기후변화에 관한 정부 간 협의체의 제4회 전체회의에 통상산업성, 운수성 등에서 선발된 스무 명의 정부대표단 수석대표로 참가하여 스웨덴의 순스발을 방문하는 등 바쁜 나날을 보냈다. 그러한 문제에 더해 환경청에 더욱 큰 문제가 일어난 것은 야마노우치가 기획조정국장에 취임하고 두 달 반이 지난 9월 말이었다.

9월 28일 오후 2시. 도쿄 지방법원 713호 법정에서 아라이 신지荒井真治 재판장은 미나마타병 도쿄 소송 구두 변론에서 다음과 같은 요지의 화해 권고를 내렸다.

이번 건과 같은 다수의 피해자를 낳은 역사상 유례가 없는 규모의 공해 사건이 공식적으로 발견되고 34년 넘게 경과했는데도 아직 미해결 상태인 것은 정말 안타까운 일이다. 그것을 조기에 해결하기 위해서는 소송 관계자가 어떤 시점에서 결단을 내리는 수밖에 없는 것 같다. 본 법원에서는 이 시점에 모든 당사자와 함께 미나마타병 분쟁 해결의 길을 모색하는 쪽이 타당하다고 생각하여 이에 화해 권고를 내리기로 한다.

나아가 아라이 재판장은 이 권고문에서 "현존하는 (인정) 제도만으로 지금의 미나마타병 분쟁을 해결하는 데 한계가 있다"고 파고들어 지적했다.

환경청은 이 권고에 큰 충격을 받았다. 이런 화해 권고가 문서로 기록된 형태로 나오리라고는 생각하지 못했기 때문에 기타가와 장관도 야스하라 사무차관도 홋카이도의 국립공원 기념식전에 참석하고 도쿄에 없었다.

국내에 남은 최고 책임자로서 야마노우치는 종일 다른 성청이나 구마모토현, 홋카이도에 있는 기타가와의 연락에 쫓겼다. 오후 3시에 열릴 예정이었던 기자회견은 저녁 6시가 지나서야 간신히 시작되었다. 기자회견에 임한 사람은 야마노우치였다.

"문서 형태로 나오리라고는 예상하지 못했습니다."

야마노우치는 그 놀라움을 솔직하게 표명한 후 신중하면

서도 전향적인 발언을 했다.

"화해에 대한 법원의 강력한 의사를 느꼈습니다. 권고 취지를 잘 검토하고 다른 성청과도 협의한 후 화해 교섭의 테이블에 앉을지 말지를 결정하고자 합니다."

기타가와 이시마쓰 환경청 장관은 홋카이도에서 화해 권고 소식을 듣자 화해 권고를 받아들이겠다고 말했다.

"권고는 때맞게 나온 중재안이라 응하고자 합니다."

기타가와 이시마쓰 제24대 환경청 장관은 가난한 가정에서 자랐고 오사카 시의회에서 부의회를 거쳐 정계에 진출한 사람으로, 고생을 많이 해서 세상 물정을 잘 알았다. 자민당 내에서는 미키파三木派의 흐름을 이어받은 소수파에 속했다. 기타가와는 그때까지의 무사안일주의에 빠진 다른 장관들과 달리 통상산업성과 대립하면서도 '지구온난화 방지 행동 계획'을 정리하고, 나가라강 하구언 문제에서는 **세력권**을 넘어 건설성에 중지 의견을 내는 등 1990년 2월 장관에 취임한 당초부터 그 활약으로 주목받았다. 일부 매스컴이나 자민당 주류파로부터는 세간의 이목을 끌어 인기를 얻으려는 사람으로 비판받았다. 하지만 오랜만에 등장한 행동하는 장관이었다. 미나마타병 화해 권고의 수용을 의미하는 이 발언도 그런 기타가와 이시마쓰다운 언동이었다고 할 수 있다.

놀란 것은 야마노우치 등 환경청의 사무직 쪽이었다. 환경청으로서 미나마타병 소송과 관련해 국가는 충분한 방책을 취하고 있고 환자에 대한 배상 책임은 없다는 생각으로 통일되어 있었다. 야마노우치가 기자회견에서 말한 "다른 성청과도 협의한 후에……"라는 것이 환경청으로서 할 수 있는 최대한의 발언이었다.

1987년 3월 30일. 미나마타병 소송에서 구마모토 지방법원은 원고 측 환자의 전면 승소 판결을 내렸다. "국가와 구마모토현은 짓소 미나마타 공장이 배출한 유기수은으로 생긴 인체 피해를 예견하고 공장 배수의 정지, 수질 규제 등 피해를 방지할 의무가 있었는데도 대책을 게을리했다. 국가배상법상의 책임이 있다"며 국가의 행정 책임을 인정했다. 전국 여섯 곳에서 다투고 있는 미나마타병 소송의 원고 총인원은 약 이천 명이다. 청구 총액은 약 360억 엔이다. 가령 부담 비율을 짓소 6, 국가 3, 구마모토현 1이라고 하면 국가가 부담해야 하는 액수는 100억 엔 정도다. 각 성청이 협력하면 결코 지불할 수 없는 금액은 아니다. 그러나 국가는 이 판결에 납득하지 않았다. 이번 도쿄 소송에서 국가는 구마모토 지방법원 판결에 반격하기 위해 강경한 태도로 재판에 임하고 있었다. 어떻게든 국가에 유리한 판결을 얻어내 환자로부터 주도권을 되찾으려고 필사적이었던 것이다.

따라서 "화해에 응하고 싶다"는 기타가와의 발언은 청 소속 사람이 보면 소송의 책임 성청인 환경청이 안고 있는 사정이나 입장을 생각하지 않는 무책임한 막말일 수밖에 없었다. 생각했던 대로 기타가와는 사무직 쪽의 설득으로 전에 했던 말을 뒤집고 "화해는 받아들일 수 없다"고 발표하게 된다. 기타가와의 이 발언이 철회된 배경에는 자민당의 압력이 더해졌을 가능성이 크다.

정부와 자민당은 나가라강 하구언 문제나 미나마타 소송에서 자연보호 쪽, 환자 쪽의 발언을 되풀이했던 기타가와를 좋게 생각하지 않았다. 후일 기타가와가 말한 바에 따르면 나가라강 하구언 문제에 대해 가네마루 신金丸信이 직접 기타가와에게 전화를 걸어와 "장관이면서 내각이 결정한 하구언 건설에 반대하는 건 괘씸"하다며 압력을 가했다고 한다.

자민당은 공식적으로 환경부회에 설치된 미나마타 문제 소위원회에서 화해를 거부한 환경청을 비난했다. 그러나 그것이 자민당 간부의 본심이었다고는 생각되지 않는다. 그 뒤에서 나가라강 하구언 문제와 같은 공격이 기타가와에게, 환경청에 되풀이되었다고 해도 전혀 이상하지 않다.

10월 1일 저녁 7시가 지나 야마노우치는 환경청 내에서 다시 기자회견을 열어 화해 권고를 거부한다는 뜻을 표명했다.

"현시점에서는 화해 권고에 응하기는 힘들고, 결심이 끝난 75인에 대해 되도록 빨리 판결이 나오기를 기대한다."

이런 내용을 낭독하고 거부 이유를 말했다.

"국가 책임론이나 미나마타병이란 무엇인가 하는 문제를

둘러싸고 저희와 원고의 주장 사이에 격차가 너무 커서 화해 테이블에 앉을 조건이 갖춰져 있지 않다고 판단했다."

야마노우치는 28일 권고 이후 후생성, 통상산업성, 농림수산성을 돌며 협의를 거듭했지만 "우리 쪽에 직접적인 책임이 없다"며 어느 성도 화해에 전향적인 자세를 보이지 않았다. 신문에서는 "사람으로서의 양식이 의심스럽다" "죽기를 기다리는 것인가"라며 환경청이나 국가를 비판하는 표제어가 난무했다.

그러나 환경청은 특별히 사람으로서의 양식에 기초하여 화해를 거부한 것이 아니다. 사람으로서 판단하는 것이 아니라 그 양심이나 양식의 부분과는 분리한 데서 거부한 것이다. 여기서 만약 의심해야 할 부분이 있다면 행정으로서의 직업적 식견이지 결코 행정 책임자인 관료 개인의 양식이 아니다. 그러나 야마노우치는 하시모토 미치오와 달리 이러한 비판이 직업인으로서의 자신에게 향한 것이지 자신의 양심에 향한 게 아니라고 분리해서 생각할 수 없었다. 야마노우치는 한 인간으로서 고뇌했다.

'화해 권고'에 대한 야마노우치의 본심은 어땠을까. 그의 성격과 인간성으로 보아 환자의 고통은 남들보다 배는 이해하고 있었을 것이다. 그런 그가 개인적인 의견으로 구제하고 싶다고 생각해도 당연할 것이다. 그를 잘 아는 주변 지인 대부분은 그렇게 생각했다. 그러나 '화해 권고'에는 개인적으로도 찬성하지 않았던 것 같다는 증언도 있다. 하지만 그 이면에 있는 야마노우치의 진의는 국가가 환자 구제를 거부하고 권고를 수용하지 않는다는 것과는 180도 다르다. 사법이 국가의 가해자 책임을 인정하지 않고 판단을 포기하며 화해라는 뚜렷하지 못한 결말을 권고하는 것은 너무 태만한 일 아닌가. 너무나도 무책임한 일 아닌가. 환자가 조기 구제를 바란다는 걸 충분히 알면서도 행정에 종사하는 사람으로서, 그리고 한 사람의 인간으로서 야마노우치는 사법의 이런 태도를 용서할 수 없었을 거라고 추측할 수도 있다.

인간으로서 그의 생각과 환경청 관료로서의 견해, 사법의 판단은 복잡하게 그의 마음속에서 뒤섞여 서로 부딪쳤다. 그러나 관료로서의 입장에 철저하여 친한 친구들에게조차 한마디 진심도 털어놓지 않았다. 고뇌는 출구를 잃고 그의 내면에 상처를 입혔다. 그 고뇌는 그의 행동이나 발언을 모호하게 만들었다. 하지만 주위 사람들은 그것을 그의 인간적인 다정함으로 받아들이지 않고 관료로서의 무능함으로 받아들였다.

10월 4일에는 구마모토 지방법원에서, 12일에는 후쿠오카 고등법원에서 동일한 취지의 화해 권고가 잇따라 나왔다. 요령 좋고 성실하지 않은, 좀 더 관료스러운 관료였다면 동일한 취지의 화해 권고였기 때문에 기자클럽 사람들에게 환경청의 견해는 저번과 다르지 않다고 알리며 끝냈을 것이다.

그러나 야마노우치는 권고 때마다 고지식하게 매스컴 앞에서 화해를 거부한다는 입장을 되풀이해 발표했다. 그 모습은 화해를 수용받지 못하는 환자들의 고통에 대해 자신의 몸을 드러내 혹독한 말을 들음으로써 용서를 비는 것처럼 보이기도 했다.

10월 29일, 제12회 미나마타병에 관한 관계 각료회의가 열렸다. 여기서 화해 권고 대응과 관련한 논의가 있었다. 그 결과 국가로서 '화해 권고'를 끝까지 거부하며 법의 심판을 기대하기로 결정하고 국가의 통일된 견해로 다음과 같이 발표했다.

"원고 측은 소관 행정청이 적절한 규제 권한 행사를 소홀히 함으로써 국가배상법상의 배상 책임이 있다고 주장한다. 하지만 국가로서는 규제 권한의 법적 근거가 없고 미나마타병의 원인 물질도 밝혀지지 않았던 당시 상황에서 행정 지도를 중심으로 가능한 한 최선의 대응을 한 것이다. 미나마타병의 발생, 확대 방지에 대한 배상 책임은 없다고 생각한다."

그러나 과연 국가는 "행정 지도를 중심으로 가능한 한 최선의 대응"을 한 것일까. 과연 언제를 가리켜 "원인 물질도 밝혀지지 않았다"고 하는 것일까.

역사적인 사실에서 보면 국가는 통상산업성을 중심으로 이미 밝혀진 원인 물질을 은폐하느라 동분서주하고 의도적으로 유기수은설을 어둠 속에 묻어버리지 않았나. 그것을 위해 어용학자를 동원하고 비수은설을 매스컴에서 크게 문제

삼도록 "가능한 한 최선의 대응"을 한 것이 아니었나. 거기에는 행정 지도를 소홀히 했다는 소극적인 책임이 아니라 경제성장의 대가로서 미나마타병의 발생에 눈을 감고 피해 확대를 불러왔다는 적극적, 범죄적 책임이 있었던 게 아닐까.

적어도 후생성에 재적하고 미나마타병 원인을 규명하는 과정을 직접 본 사람이라면 당시의 통상산업성이나 경제기획청이 무엇을 했는지, 그리고 후생성이 무엇을 할 수 없었는지 이해했을 것이다. 공해과 과장보좌를 경험한 야마노우치가 그 한 사람이었다고 할 수 있다.

그 무렵 야마노우치는 드물게도 도모코에게 일이 잘 안 된다고 푸념했다. 환자와의 교섭이 제대로 안 되는 건가 싶어서 물어본 도모코에게 이렇게 털어놓았다.

"힘든 것은 외부가 아니라 내부요."

도모코는 그 한마디만으로 자세한 사정을 알 수 없었고 야마노우치도 그 이상은 말하려고 하지 않았다.

11월 1일 '미나마타병 문제의 조기 해결을 바라는 모임'의 환자들이 환경청으로 기타가와 장관을 찾아와 직접 진정하여 조기 해결을 요구했다. 이때도 기타가와는 환자들 앞에서 말했다.

"괴로운 심정이지만 현시점에서는 판결을 기다린다는 행정의 자세를 바꿀 수 없습니다."

그 석상에서 '미나마타병 문제의 조기 해결을 바라는 모임'의 위원장 가와모토 데루오川本輝夫는 기타가와에게 말했다.

"장관님, 선물 같은 건 필요 없으니까 미나마타로 한번 와주십시오."

가와모토의 이 발언이 나중에 기타가와를 미나마타 시찰로 이끄는 계기가 된다. 20분쯤 지나 기타가와가 물러나고 야마노우치가 환자들 앞에서 화해 권고를 거부하는 내용을 설명했다.

"어디까지나 도쿄 지방법원의 결심 판결을 듣고 저희의 주장에 비추어 이후의 대응을 판단하고자 합니다."

이에 대해 '미나마타병 문제의 조기 해결을 바라는 모임'의 회원으로부터 혹독한 말이 날아들었다.

"해결한다는 자세로 권고를 받아들이지 않으면 앞으로 몇 년이 걸릴지 알 수 없소."

"삼권분립 안에서 사법의 권고를 행정이 무시하는 태도는 오만이오."

"이제 와서 국가에 책임이 없다고 할 생각이오?"

"국가의 태도는 우리가 죽기를 기다린다고밖에 생각되지 않소."

진정이 끝나고 가와모토 데루오가 방을 나가려고 하자 야마노우치가 뒤따라가 가와모토를 불러세웠다.

"가와모토 씨, 이해해주십시오."

야마노우치는 이렇게 말하며 고개를 숙였다고 한다.

11월 2일, 참의원 환경특별위원회가 오전 10시 30분부터 열렸다. 환경청에서 기타가와 장관과 모리 관방장, 야마노우치 등 일곱 명이 참석했다. 위원회에서는 지난달 29일에 나온 미나마타 소송에 대한 '국가의 견해'에 질문이 집중되었다.

질문자(시노자키 도시코): 다음으로 책임론에 대해 말하고자 합니다. 조금 전의 이야기에서, 국가의 견해로 이 경우 국가의 책임은 국민 복지 향상에 힘쓴다는 국가 행정상 책무와 성격을 달리하는 것으로, 규제 권한의 근거가 없어 이 건에 대한 배상 책임이 없다고 생각한다는 식으로 쓰여 있습니다만, 정말 이것으로 원고를 납득시킬 수 있을 거라고 보십니까?

정부위원(야마노우치 도요노리): 지금 의원님께서 읽으신 부분은 이번 소송에서 다투고 있는 국가의 책임이란 무엇인가 하는 것을 국가의 입장에서 가능한 한 이해하기 쉽게 쓴 문장입니다. 따라서 보통 국가의 책임이라고 하면 단지 국가배상 책임만이 아니라 여러 가지 행정을 진행해나가는 정책적인 책무를 가진 국가라는 말로 책임을 말하는 분도 계십니다. 그러므로 이 소송에서 논의된 것은 그런 국민의 복지 향상에 힘쓴다는 그런 성격의 행정상 책무를 책임이라고 하며 저희가 설명하는 게 아니라 국가배상법상의 배상,

돈을 지불하는 그런 법적 책임을 지금 여기서 말씀드린다는 것을 알기 쉽게 설명했다고 생각합니다. 되도록 많은 분들이 그 점을 이해해주셨으면 하는 마음에서 정리한 줄 압니다. (중략)

질문자(시미즈 스미코): 예를 들어 구마모토현이 설치한 미나마타병 대책 연락회는 1957년 미나마타병이 발생한 그 이듬해에 미나마타만의 어패류는 식품위생법 제4조 2호에 따라 유독하거나 유해한 물질이 포함되거나 부착되어 있기 때문에 어패류의 어획과 판매를 금지하려고 했습니다. 그러나 당시 후생성은 이에 대해 이 지역의 모든 어패류가 유독하다는 확실한 근거를 인정할 수 없다고 했습니다. (중략) 그때 방금 말씀드린 법적 조치를 취하는 용단을 내렸다면 오늘날과 같은 피해를 좀 더 막을 수 있지 않았을까, 이렇게는 생각하십니까?

정부위원(노무라 료 후생성 생활위생국 식품보건과장): 답변 드리겠습니다. 그때 그런 조치를 취했다면 피해가 이렇게 확대되지는 않았을 것 아닌가 하는 문제입니다만, 현시점에서 그때 상황을 돌아보면 그런 생각도 할 수 있을지 모릅니다. 하지만 당시의 상황으로서 그런 것도 생각할 수 있을지 모르지만, 당시의 상황으로서 그런 것을 상정할 수 없었던 게 아닐까 싶습니다.

질문자(시미즈 스미코): 좀 더 인간적이 되었으면 합니다. 여러분의 얼굴이 굳어 있습니다. 그건 뭐랄까요, 정말 순수한, 정말 그렇게 했다면 좋았을 거라는 생각과 그렇게 할 수 없었다는 그 괴리는 저도 이해할 수 있습니다. 하지만 여기서는 역시 그것을 제대로 처리해두었으면 좋았을 거라고, 저는 그런 인간적인 대답을 듣고 싶습니다. (중략) 저는 장관이 아직 미나마타에 가지 않았다고 들었습니다만 꼭 현지에 가시고, 미나마타병의 발생, 확대, 그 구제가 결정적으로 뒤떨어진 실태를 다시 한번 조사하실 것을 권해드리고 싶습니다. 그리고 피해자와 지역 주민을 직접 만나고, 입장은 굉장히 난처해도 거기서 호소에 직접 귀를 기울이는, 그런 가운데서 조기 해결의 결단을 내려주기를 저는 감히 부탁드리고 싶습니다. 장관님이 꼭 현지에 가셨으면 하는데, 일단 답변을 부탁드립니다.

정부위원(기타가와 이시마쓰): 방금 시미즈 위원이 미나마타 지역으로, 현지로 가라고 권해주셨습니다. 저도 미나마타에 가고 싶습니다. 보러 가지 않으면 안 된다는 마음입니다. 어제도 각계의 미나마타 관련 대표들과 만났습니다. 그 가운데서 미나마타로 한번 오라는 요청도 받았습니다. 그래서 시기를 봐서, 그리고 신속하게 그 일정을 짜지 않으면 안 된다고 생각합니다.

이 발언을 들은 후 야스하라 차관, 야마노우치를 비롯한 사무직 쪽은 갑자기 분주해졌다. 사무직 쪽은 환경청 장관이 아무런 새로운 대책도, 구제책도 없이 미나마타로 가면 큰일이라고 생각했다. 현지 시찰이 단순한 시찰이 아니라 구체적인 구제책, 이른바 **선물** 지참을 의미한다는 것은 현지 측도, 환경청 쪽도 대전제로서 이해하고 있었다. 직원은 기타가와를 설득하여 현지 시찰을 철회시키려고 했다.

"나는 병문안을 하러 가는 것입니다. 선물을 가져갈 수 없다고 해서 십 몇 년 동안이나 가지 않아야 합니까?"

기타가와는 이렇게 말하며 현지 시찰을 고집했다.

기타가와의 이 발언에는 호소카와 모리히로 구마모토현 지사의 움직임이 영향을 미쳤다. 호소카와는 구마모토현이나 짓소가 화해의 자리에 앉으려고 할 때 국가만이 거부하는 것은 괘씸하다, 국가를 대신하여 하고 있는 환자 인정 업무의 반려도 생각하고 있다고 발언했다. 나아가 이대로는 짓소의 보상금 대신에 현이 환자에게 하고 있는 '현채'의 발행도 그만둘 생각이라며 기타가와를 압박했다. 기타가와는 자신의 입장을 생각해봐도 화해 거부만이 아니라 적어도 뭔가 적극적인 자세를 보여줄 필요가 있었다. 그 결과 선택한 방법이 구마모토현 측에서도 강력하게 요청했던 11년 만에 이루어지는 환경청 장관의 미나마타 현지 시찰인 것이다.

국회에서 미나마타 소송 문제와 기타가와의 현지 시찰이 수군거림의 대상이 되고 있던 11월, 야마노우치는 아카사카에서 후쿠오카의 하루요시초등학교 시절 동급생들을 만났다. 지금은 시코쿠공업사진주식회사의 사장이 된 모리베 마사요시森部正義가 일 때문에 오랜만에 상경한다며 만나지 않겠느냐고 연락을 해온 것이다. 멤버는 모리베 부부, 이시이 요코石井洋子, 후지키 준지藤木淳次, 도쿠라 데쓰요시戸倉鐵良, 그리고 야마노우치였다.

이시이 요코는 초등학교 시절 야마노우치가 급장이었던 때 부급장으로서 콤비를 이룬 사이다. 야마노우치가 동급생으로는 드물게 가벼운 마음으로 이야기를 나눌 수 있는 존재였다. 평소부터 한결같이 성실하게 일만 하는 야마노우치에게 이시이는 되풀이해서 말했다.

"쉬엄쉬엄 하면서 좀 놀아."

5년 전쯤 이시이는 초등학교를 졸업한 이래 오랜만에 야마노우치와 만나게 되어 긴자의 와코 백화점 뒤에 있는 카페 르누아르에서 만나기로 한 적이 있다. 이시이가 약속 시간에 갔더니 야마노우치는 이미 자리에 앉아 있었다. 일이 일찍 끝나 한 시간 전에 와서 책을 읽고 있었다고 한다. 다가온 이시이에게 야마노우치가 권했다.

"미술관에 가지 않을래?"

이런 권유를 받은 이시이 요코는 깜짝 놀랐다. 쉰 살을 목전에 둔 남자가 오랜만에 만난 초등학교 동창생에게 미술관에 가자고 할 줄은 생각하지 못했기 때문이다.

"모처럼 만났으니까 좀 더 편한 데로 가자."

이시이는 야마노우치를 근처 꼬치구이 집으로 데려갔다. 가게가 붐비고 손님도 시끌벅적했는데 야마노우치는 그런 시끄러운 풍경을 즐거운 듯이 바라보았다고 한다.

초등학교 시절 야마노우치에게 문학적 영향을 주었던 모리베는 초등학교를 졸업하고 시코쿠로 이사를 갔고 거기서 어머니를 잃었다. 같은 처지였던 야마노우치와 모리베는 그 후 한동안 편지를 주고받기도 하고 습작한 글이나 시를 서로 보냈지만 이런 형태로 만나게 된 것은 아주 최근의 일이었다.

야마노우치는 일이 바빠 갈 수 있을지 어떨지 모르겠다고 했지만 모임 장소인 아카사카에 시간 맞춰 왔다.

"오늘은 일이 있어 못 나올 거라고 생각했는데 나올 수 있어서 다행이야."

그는 몇 번이나 이렇게 말했다고 한다. 어린 시절 이야기로 꽃을 피우며 모임은 활기를 띠었는데 우연히 미나마타병이 화제가 되자,

"응, 힘들어."

이 말 한마디만 하고 야마노우치는 더 이상 말하고 싶어 하지 않았다. 헤어질 때 이시이는 야마노우치에게 하카타 사투리로 놀렸다.

"바람피우면 안 돼, 남자는. 너도 이제 슬슬 은신처 하나쯤 갖고 있어도 되잖아……. 일로 늦어져 집에 갈 수 없게 되면

어떻게 하니?"

이시이가 묻자 야마노우치는 호주머니에서 양말 한 짝을 꺼내 보여주며 웃으면서 말했다.

"이것만 있으면 돼."

일로 늦어지면 회사 소파에서 자기도 하고 시내 비즈니스 호텔에서 묵기도 한다는 이야기를 듣고 이시이가 야마노우치에게 권했다.

"이제 그런 일은 그만둬. 후쿠오카로 돌아가 지사라도 되는 게 어떨까?"

다른 친구들도 야마노우치에게 정치가가 될 것을 권했다. 야마노우치는 부정도 긍정도 하지 않았다.

'아주 마음에 없는 것도 아닌 건가······.'

이시이는 그때 생각했다고 한다. 맞선을 보고 난 후 도모코에게 건넨 신상명세서에는 "정계에 진출할 때는······"이라고 적은 적도 있었지만, 이 무렵 야마노우치는 정계에 진출하려는 야심이 전혀 없었다. 관청을 그만둔 후에는 대학 강사로 교단에 서서 복지에 대해 가르치고 스스로 연구를 계속하고 싶었던 것 같다.

정치의 세계에 발을 들여놓으면 지금 이상으로 사전 교섭이나 교제, 표면상의 방침과 본심을 가려서 드러내는 일 같은, 자신이 가장 서툰 일에 손을 대야 한다는 것을 야마노우치는 잘 이해하고 있었다. 쉰 살이 넘어 야마노우치도 자신의 그릇이라는 것을 의식하게 되었는지도 모른다. 복지, 환경에 대한 깊은 이해라면 누구에게도 지지 않을 자부심은 있다. 그러나 그 식견을, 행정을 개혁해나가는 실천으로서 결실을 맺어가는 고생보다는 자연 속에 몸을 두고 사색하며 통찰 그 자체를 깊게 하고 문장이라는 형태로 기록해가는 것이 자신에게는 잘 맞는다. 야마노우치는 자기 자신이 몸 둘 곳을 그렇게 생각했다. 국가공무원 채용시험 1종에 합격하여 채용된 간부 후보생인 고급 관료가 30년을 보내고 귤 상자와 원고지 앞에 앉아 있었던 문학청년으로 되돌아간 것이리라.

야마노우치가 남긴 메모에 "후생성 출신 대학 교원 명부(사회과학 계열)"라는 제목이 붙은 것이 있는데 거기에는 스무 명에 이르는 사람의 성 내 최종 직위와 대학명이 적혀 있다. 친한 친구에게는 "관리에 맞지 않는 건가……. 후쿠오카로 돌아가 대학 선생이나 했으면 좋겠다"고 털어놓은 적도 있었다. 항상 현재와 맞붙어온 관료가 관리로서의 나머지 햇수와 자신의 인생 길이를 계산하기 시작했다는 것일까.

11월 말의 어느 일요일, 야마노우치는 야스하라 사무차관의 자택을 방문했다. 구제책을 둘러싼 협의가 목적이었다.

밤늦게 귀가한 야마노우치는 도모코에게 말했다.

"영계백숙을 대접받았소."

그리고는 나직이 혼잣말처럼 말했다.

"폐를 끼쳤나……."

도모코는 일요일에 자택으로 찾아간 것을 그렇게 말한 거라고 그때는 생각하지 못했지만, 사실 폐라는 그 말에는 큰 의미가 숨어 있었다.

11월 27일. 기타가와의 구체적인 미나마타 시찰 일정이 정해지지도 않았는데 11월이 끝나가고 있었다. 12월 정기 국회가 시작되기 전에 시찰을 끝내야 한다고 생각한 기타가와는 초조한 마음에 의논도 없이 이렇게 발표하고 말았다.
"다음 주 중에 방문할 겁니다."
야마노우치 등 사무직 쪽은 아주 급하게 일정을 조정하느라 분주했다.

11월 30일. 기타가와의 미나마타 시찰이 12월 5일, 6일로 정해졌다. 12월 1일 구마모토 현지 신문에는 '환자 모임' 사무국장의 담화로 이렇게 실렸다.
"이곳에 오는 이상, 화해 권고를 어떻게 생각하고 왜 거부하며 앞으로 미나마타병 문제를 어떻게 해결하려고 하는지 피해자에게 구체적으로 제시해야 합니다."
신문에 기타가와 장관의 미나마타 시찰이 보도된 것을 보고 도모코가 남편에게 물었다.
"당신도 미나마타에 가는 거예요?"
"응……."
쓰라린 듯이 고개를 끄떡이고는 바로 입을 다물고 말았다. 이 무렵 야마노우치는 철야를 하거나 사무실에서 자는 일이 이어져 도모코에게도 몸 상태가 좋지 않다고 호소했다.

"요즘 변에 피가 섞여 있소."

"심장이 두근거리오."

불안하다는 듯이 도모코에게 털어놓았다. 남편의 피로가 절정에 달했다고 생각한 도모코가 물었다.

"그렇게까지 목숨을 걸고 해야 하는 일인가요?"

남편이 대답했다.

"환자들은 목숨을 걸었다고 하니까."

어느 날 밤 도모코가 밤중에 문득 잠에서 깼더니 부엌 쪽에 인기척이 있었다. 걱정되어 가보니 남편이었다. 남편은 식탁에서 가까운 책장 앞에서 성서를 펼치고 있었다.

"어쩐 일이에요?"

도모코가 물었다.

"응……, '아직 젊었을 때에 너를 지으신 이를 기억하여라'는 무슨 서였더라…….'"

야마노우치는 성서의 이 한 구절이 마음에 들어 빨간색 색연필로 밑줄을 그어두었지만 밤중에 그것이 갑자기 궁금해져 2층에서 내려온 모양이었다.

"전도서 제12장이에요."

도모코는 그 부분을 펼쳐 보였다.

> 그러니 좋은 날이 다 지나고 "사는 재미가 하나도
> 없구나!" 하는 탄식 소리가 입에서 새어 나오기 전,
> 아직 젊었을 때에 너를 지으신 이를 기억하여라.

> 해와 달과 별이 빛을 잃기 전, 비가 온 다음에 다시
> 구름이 몰려오기 전에 그를 기억하여라.[55]

"이건 구어역과 문어역이 상당히 달라요."

도모코는 성서 두 권을 대조하며 남편에게 보여주었다. 남편은 도모코의 그런 설명을 말없이 듣고 있었다.

> 너는 청년의 때 곧 곤고한 날이 이르기 전, 나는 아무
> 낙이 없다고 할 해가 가깝기 전에 너의 창조자를 기억하라.
> 해와 빛과 달과 별들이 어둡기 전에, 비 뒤에 구름이
> 다시 일어나기 전에 그리하라.[56]

사무실에서 묵는 날이 이어지던 12월 초의 어느 날 아침, 환경청의 한 직원이 출근하여 지하 1층 매점의 자동판매기 앞에서 회갈색 셔츠를 입은 채 서 있는 남자를 발견했다. 야마노우치였다. 심야까지 일을 하고 21층 국장실 소파에서 선잠을 자고 나온 모양이다. 12월에 접어들고 나서는 연일 그런 날이 계속되었다.

3일 밤, 이틀 후로 다가온 장관의 미나마타 시찰에 대해 청 내에서 최종 회의가 열렸다. 기타가와, 야스하라, 야마노

---

55 공동번역 『성서』 개정판(가톨릭용), 대한성서공회, 2001.
56 『성경전서』 개역 한글판, 대한성서공회, 1956.

우치, 모리 등 청 내의 간부 전원이 참석했다. 이 회의가 끝난 후 야마노우치는 사의를 전하는 메모를 갈겨써놓고 이튿날 아침 아마도 한숨도 자지 못한 상태에서 집으로 전화를 했다.

12월 4일 아침 9시, 야마노우치가 어디서 집으로 전화를 걸었는지는 분명하지 않다. 그러나 3일 밤 호텔에 묵은 흔적은 없다. 아침까지 청 내에서 보내고 환경청 밖으로 나가서 전화를 걸었을 거라 생각하는 편이 맞을 것이다.

'증발하겠다'고 결심한 야마노우치는 과연 어디로 향한 것일까. 두 시간 반 후 야마노우치는 히가시카나가와역에서 두 번째 전화를 걸어왔다. 그 두 시간 반 사이에 야마노우치는 어디로 가서 무엇을 보고 누구를 만나고 무슨 생각을 하고, 그리고 증발하는 것을 그만두고 집으로 돌아올 결심을 하기에 이르렀을까. 히가시카나가와 근처에는 장녀 지카코가 일하는 회사가 있다. 그러나 딸을 만나러 간 흔적은 없다.

또 하나 생각해볼 수 있는 것은 하네다 공항이다. 증발하려면 비행기로, 예컨대 고향인 후쿠오카로 향하려 했다고 해도 이상하지 않다. 그러나 결과적으로 그는 단념했다. 그를 증발이라는 행위에서 붙든 것은 무엇이었을까.

히가시카나가와역에서 집으로 전화를 건 후 야마노우치는 요코하마선을 타고 마치다역에 도착한다. 마치다에서 버스를 타고 평소에는 밤늦은 시간에 내리는 야쿠시다이의 버스

정류장에 낮 12시쯤 내렸다. 야마노우치는 거기서 집까지 가는 5분 동안 길에서 무엇을 보았을까.

1장에서 언급한 에세이 「잊혀가는 흙에 대한 친밀감」에서 야마노우치는 이렇게 말했다.

> 마치다에 살게 된 지 3년째가 되는데 출퇴근에
> 각각 두 시간 가까이 걸리는 통근의 혼잡함에는 아직
> 완전히 익숙해졌다고는 할 수 없다. 그러나 역에서
> 버스를 잠시 기다렸다가 귀가하는 피로도, 집 근처
> 버스정류장에서 내려 몇 분의 밤길을 걷다 보면
> 약이라도 듣는 것처럼 가시는 것 같다.
> 밤길에는 사계절 각각의 초목과 흙냄새로 가득 차
> 있다. 그것은 먼 옛날 할아버지의 숨결로도 느껴져
> 소년 시절의 평온한 기억을 되살려내며 귀가의
> 심신을 치유해준다.

그러나 이날은 겨울날의 초목과 흙냄새가 야마노우치의 마음과 몸의 피로를 치유해주지 못했다. 정오가 지나 야마노우치는 심신이 모두 기진맥진한 채 집 현관문을 열었다.

10장

결론

12월 5일 아침 7시. 장녀 지카코가 출근하는 시간에 맞춰 남편은 2층에서 내려왔다. 준비를 마치고 집을 나서는 딸을 지켜보며 말을 걸었다.

"힘들겠구나."

도모코에게는 남편이 어제보다 꽤 안정되어 보였다.

아침 8시. 도모코가 고로를 데리고 산책하러 나갈 시간이다. 평소대로 집을 나선 도모코는 9시쯤에 돌아왔다. 남편은 도모코가 나가기 전과 같은 파자마에 가운을 걸친 모습으로 식탁 의자에 앉아 있었다. 도모코가 돌아오기를 기다리고 있었던 듯했다.

"다녀왔소?"

돌아온 도모코에게 남편이 말했다.

"식사는요?"

"음, 지금은 됐소."

"뭐라도 드셔야죠."

도모코는 일단 수프를 만들었다. 남편은 수프를 조금 먹었다. 파자마를 좀처럼 갈아입으려고 하지 않았다.

'어제 직장을 그만두겠다고 했으니 오늘은 가지 않아도 되겠지. 조금은 쉴 수 있겠구나.'

남편은 수프를 다 먹고는 중얼거렸다.

"점심 때까지 잘 테니까…… 그러고 나서 사무실에 전화를 하고…… 그 뒤에나 출근할 거요."

패기라고는 전혀 찾아볼 수 없었다. 남편은 그 말만 하고 힘없이 일어나 도모코 옆을 지나가려고 했다. 너무나도 힘없는 모습에 불안을 느낀 도모코는 일어나 남편을 껴안고 귓가에 속삭였다.

"다시 같이 분발해요."

남편은 응 하며 고개를 끄덕인 것 같았지만 마지막까지 말로는 하지 않았다. 남편은 계단을 올라가 자기 방으로 들어갔다. 9시였다.

남편이 2층으로 올라가고 나서 곧바로 현관 초인종이 울렸다. 뜰에서 벚나무 낙엽을 쓸어 모으던 도모코가 현관을 보니 배달원이 꽃다발을 안고 서 있었다. 보낸 사람은 후키다 아키라吹田惺라고 쓰여 있었다. 후키다는 중의원의 환경위원장을 맡고 있는 인물로, 남편과는 친하게 지내고 있었다.

'아마 미나마타에 동행하지 않고 몸이 아파 쉰다고 했기 때문에 병문안으로 보내주었을 것이다.'

순간적으로 남편에게 전할까 고민했지만 자고 있으면 방해만 될 것 같아 그만두었다. 도모코는 평소대로 집 안을 치우고 세탁을 했다. 미카코는 일어나 자기 방에서 공부를 시작한 것 같았다. 평소 빨래는 2층 베란다에 말리지만 베란다는 남편 방을 지나지 않으면 갈 수가 없다.

'지금은 조용히 1분이라도 더 자게 해주자.'

이렇게 생각한 도모코는 말리는 일은 뒤로 미루고 세탁물을 바구니에 넣은 채 아래층에 놓아두었다.

정오가 지나도 남편은 일어나지 않았다. 약속한 시간은 반드시 지키는 사람이었기 때문에 도모코는 좀 이상하다고 생각했지만 깨우는 것을 그만두었다.

'오늘만큼은 괜찮겠지. 내 멋대로 한 일이라 하고 용서를 구하지 뭐.'

'조금 더, 조금만 더, 지금까지 쉬지 못한 몫까지 쉬게 해주자.'

오후 2시가 되었다. 남편은 아직도 내려오지 않았다. 역시 걱정되어 계단을 올라갔다. 2층 방문은 열려 있었다. 도모코는 거기서 완전히 변해버린 남편의 모습을 발견했다.

'이게 이 사람이 낸 결론이란 말인가.'

묘하게 냉정해진 머릿속으로 도모코는 순간 이렇게 생각했다. 그러나 냉정해진 것은 그 순간뿐이었다. 다음 순간 도모코는 크게 소리쳤다. 그 소리에 놀란 미카코가 공부방에서 뛰쳐나왔다.

남편은 이미 사후 경직이 시작되어 있었다. 도모코는 어떻게든 밑으로 내리려고 힘을 써봤지만 무거워서 아무리 해도 움직일 수가 없었다. 어쩔 수 없이 아래층으로 내려가 경찰과 환경청에 연락했다.

"야마노우치의 아내입니다만 남편이 죽었습니다."

"네엣……?"

전화를 받은 환경청의 여성은 이렇게만 말하고 한참 동안 말을 잇지 못했다.

"야마노우치의 아내입니다만 남편이 죽었습니다."

도모코는 다시 한번 되풀이했다.

2층으로 돌아갔다. 방 입구에는 미나마타로 가기 위해 남편이 준비해둔 검은색 가방이 어제와 마찬가지로 놓여 있었다. 책상 위에 명함 두 장이 뒤집어진 채 놓여 있었다. 로마자로 쓰인 해외출장용 명함에 검은색 볼펜으로 갈겨쓴 글씨가 남아 있었다.

도모코	감사
지카코	
미카코	이렇게 되어 미안하다
야스하라 차관님	
모리 관방장님	뭐라 사죄의 말씀을 드려야 할지 모르겠습니다만
	여러분께도 엄청난 누만 끼치고

곧바로 마치다 경찰서의 형사와 의사가 도착했다. 환경청에서도 남자 직원 세 명이 달려왔다. 도모코는 차관 이름이 쓰인 유서가 남아 있었기 때문에 직장에도 이야기해야 할 것

같아서 기획조정과의 M에게 보여주었다.

"이런 것이 남아 있었습니다."

M은 갈겨쓴 글을 보고 눈물을 흘렸다. 경찰과 함께 찾아온 의사가 검시를 했다.

사망 종류	외인사 자살
사망 원인	
가. 직접 사인	정형적인 액사縊死
나. (가)의 원인	불상
그 밖의 신체 상황	과로로 몸 상태가 안 좋다고 호소했음
수단 및 상황	벽장 위 선반 기둥에 전기 코드를 이중으로 걸치고 고리를 만들어 약 43센티미터 높이의 의자에 올라가 벽장 방향으로 목을 맴
사망 추정 시각	오전 10시로 추정

사체 검안서에는 이렇게 쓰여 있었다.

11장

망각

12월 5일 오전 10시. 기타가와 장관 외 미나마타 시찰단 열아홉 명과 많은 매스컴 관계자를 태운 일본항공 393편은 가고시마 공항에 착륙하려 하고 있었다.

아사히신문 환경청 기자클럽의 T도 동행 취재를 위해 기내에 있었다. 10시가 지나 공항에 도착한 기타가와는 곧바로 미나마타만 매립지로 이동하여 수은 등의 오염물질 처리 사업으로 생긴 매립지를 시찰했다. 점심식사 후인 오후 1시 50분, 기타가와는 미나마타병 환자 전용시설 메이스이엔을 방문하여 모리야마 히로유키森山弘之 원장의 안내로 태아성 환자[57]들을 면회했다. 기타가와는 태아성 환자의 팔을 어루만지고 눈물지으며 되풀이했다.

"몸조리 잘해, 몸조리 잘해."

환자는 기타가와의 윗옷을 꽉 쥐고 넥타이를 당기며 소리가 되지 않는 말로 호소했다. 그러고 나서 기타가와는 미나마타시의 근로청소년 쉼터로 이동했다. 쉼터에서는 '미나마타병 피해자 모임' 회원 이백 명이 기타가와를 기다리며 "국가는 해결 테이블에 앉으라"고 크게 합창했다.

환자 단체 대표자들은 여기서 시찰단을 향해 피해 실정을 호소하며 조기 구제를 진정했다.

"미나마타병 문제에 대한 인식을 새로이 했습니다. 전향적으로 대처해나가고자 합니다."

---

57 어머니가 미나마타 등에 걸린 이후에 태어난 선천성 환자.

환자들의 목소리에 기타가와는 이렇게 대답했다고 이튿날 현지 신문이 보도했다.

불과 다섯 시간의 주마간산 격 시찰을 끝낸 기타가와는 오후 3시 기자회견에 임했다. 시찰에 한나절 동행한 T 기자도 그 회장에서 기타가와의 회견을 메모하고 있었다.

회견 도중에 현청 직원이 모리 관방장에게 뭔가 속삭였고 모리는 곧 기타가와에게 귓속말로 전했다. T 기자는 그때 특별히 이상하다고는 생각하지 않았지만, 지금 와서 생각하면 야마노우치 국장이 자살했다는 소식이 도쿄에서 날아든 순간이었을 것이다.

기타가와는 이 회견에서 기자로부터 미나마타 문제에 대한 구체적인 대응책이 있느냐는 질문을 받고 대답했다.

"정말 참혹하고 가슴이 아픕니다. 환자의 목소리를 선물로 삼아 분발하겠지만 어떻게든 형식을 갖추지 않으면 안 된다고 생각합니다. 다만 지금은 **모노노아와레** 안에 있기 때문에 여기서 구체적인 방책에 대해서는 말할 수 없습니다."

T 기자는 메모를 하면서 **모노노아와레**라니, 이상한 말을 한다고 생각했다. 하지만 이 사람은 이따금 이상한 말을 하고, 또 환자를 직접 만난 것을 이 사람 나름대로 그렇게 표현한 건가 하고 생각했다.

회견이 끝난 후 시찰단 일행은 버스를 타고 구마모토로 이동했다. 기타가와는 구마모토에서 저녁 7시에 호소카와 지사와 간담회를 한 다음 7시 30분에 단독 기자회견을 열 예정이었다. 이동하는 마이크로버스 안에서 야마노우치 국장이 자살한 것 같다는 정보가 기자들 사이에 돌았다. 정식으로 국장이 자살했다는 발표가 있었던 것은 구마모토에 도착하고 나서였다.

T 기자는 예정을 모두 취소하고 구마모토에서 도쿄로 돌아왔다.

12월 5일 각 신문 석간과 6일 조간 사회면에는 "환경청 국장 자살"이라는 큰 표제어가 난무했다. 지면에는 "문인 기질, 달갑잖은 역할" "화해 거부로 비판의 표적"이라는 말이 보였다. 대장성이나 통상산업성과의 의견 조정이 잘 되지 않고 화해 권고가 받아들여지지 않아 괴로워했다는 사정을 설명한 기사도 있었다.

그러나 이러한 사정을 야마노우치 국장이 자살할 때까지 어디서도 지적하지 않았던 것은 왜일까. '비판의 표적'이라고 쓰였지만 여론을 대표하여 비판한 사람은 누구였을까. 환경청이 화해를 받아들일 수 없는 배경의 정치 그 자체를 비판한 매스컴은 거의 없었다. 담당관이 죽자마자 사실은 둘 사이에 끼여 꼼짝하지 못해 괴로워했다고 아무리 사회면 톱으로 다뤄도 사태는 전혀 달라지지 않는다. 만약 야마노우치가 자살하지 않았다면 이 문제는 환경청이 나쁜 놈이 되는 것만으로 끝나지 않았을까.

그리고 그런 반성과는 완전히 무관하게 야마노우치의 집

에 대한 매스컴의 공세가 경야 때부터 시작되었다. 텔레비전 방송국은 큰 조명을 그의 집으로 향했고 보도 카메라맨은 플래시를 터뜨렸다. 기자들은 인터폰으로 가족을 불러내 '지금의 심정'을 물었다.

경야에는 정계에서 수많은 꽃다발이 배달되었다. 현관을 들어서서 왼쪽 다다미방에 제단이 설치되고 야마노우치의 사진이 놓였다. 그 사진 속 야마노우치는 역시 고개를 살짝 오른쪽으로 기울이고 있었다. 경야 손님을 맞이하는 일에 쫓기며 분주한 시간을 보냄으로써 어떻게든 평정심을 유지하려고 했던 도모코를 매스컴은 가차없이 습격한다. 경야 동안 두 번 대형 신문사에서 전화가 왔고 **심정**을 말하게 하여 코멘트를 따려고 했다. 도모코는 그 취재에 일절 대답하지 않으려고 했다.

기타가와 이시마쓰 등 정관계의 조문이 어수선하게 끝나고 드디어 집에 평온함이 돌아왔다. 매스컴 공세도 일단락된 것으로 보였다. 제단이 있는 다다미방에서는 야마노우치의 유해를 둘러싸고 오랜 친구들이 추억 이야기를 시작했다. 도모코도 그 자리에 앉아 이야기에 귀를 기울였다. 온화한 분위기에 휩싸여 도모코도 띄엄띄엄 남편 이야기를 했다.

   남편이 2층으로 올라가려고 했을 때 저는 왜
  "분발해요"라는 말을 했을까요……. 천천히 쉬라는

한마디를 왜 하지 못했을까요…….
그게 아쉬워 죽겠어요. 그 사람은 우리 가족을 위해
정말 열심히, 아무 말도 하지 않고 그저 묵묵히
분발해주었는데……. 그런 남편한테 한 마지막 말이
다시 분발해요, 라니…….

도모코는 자신의 후회를 그런 말의 조각으로 표현했다.

그녀의 이 말이 그대로 어느 주간지에 게재되었다. 그 기사에는 "본지 독점, 남겨진 부인의 고백"이라는 표제어가 붙어 있었다. 기자는 상복을 입고 친구인 척하며 경야 자리에 섞여 든 모양이었다. 무기명의 그 주간지 기사는 '독점 고백' 후 영결식의 조사에서 친구 이토 마사타카가 인용한 야마노우치의 시 「먼 창」을 소개하고 앞뒤가 맞지 않게 "야마노우치 씨의 명복을 빈다"는 문장으로 매듭지었다.

자살한 후의 야마노우치에 대해 매스컴은 관용적이었다. 손바닥 뒤집듯이 그에게 동정적인 말을 던졌다.

지나치게 착실하고 가족을 끔찍이 생각하는
문인 기질

계속해서 문학청년의 마음을 갖고 있었던
관료의 자살, 다정해서 고생하다

너무 다정했던 남자

철저한 관료가 되지 못했던 미나마타병 담당
국장의 죽음

구석구석까지 배려하는 마음이 고운 분이었기 때문에
몹시 지친 게 아닐까요. 서로 바빠서 최근에는 별로
만날 수 없었습니다. 야마노우치 국장은 우리 국의 일 외에
미나마타, 지구환경 등의 문제도 안고 있어 격무에
시달렸을 겁니다. 미나마타 문제와 국장의 자살을
관련시켜 이런저런 추측을 해도 의미가 없습니다.
사실은 부인도 알 수 없을 테니까요. 우리들 관리는
늘 둘 사이에 끼여 꼼짝할 수가 없습니다.
가토 사부로 환경청 기획조정국 지구환경부장

갑작스러운 부고여서 믿을 수가 없습니다. 지난달
7일 동기 모임에서 점심식사를 했을 때는 평소와
다르지 않고 멀쩡했습니다. 동기 모임의 만년 간사로
두루두루 마음을 쓰는 남자이고 성실한 사람이었습니다.
엄청나게 공부하는 사람으로 책을 쓰기도 하고
젊었을 때는 소설을 쓰기도 하는 등 로망을 가진
사람이었습니다.
구로키 다케히로 후생성 보험국장

> 최근 기획조정국장으로서 아주 바쁜 나날을 보냈는데
> 근무가 밤늦게까지 이어지는 상황이었습니다.
> 국장님은 집이 마치다이기 때문에, 또 마치다에서
> 버스로 통근하기 때문에 늦은 시간에는 버스도 없습니다.
> 그래서 늦어지면 호텔에서 묵고 거기서 출근하는 일도
> 간혹 있었던 것 같습니다.

야스하라만이 아니라 환경청 내부 사람은 야마노우치의 자살 원인이 미나마타병 문제만이 아니라 다양한 격무가 겹친 나머지 과로에 의한 발작적인 자살이라고 생각했다. 적어도 그들의 말에서는 주위에도 그렇게 받아들이게 하고 싶다는 의도가 느껴졌다.

확실히 야마노우치는 지쳐 있었다. 오랫동안 복지환경 문제에 대처하면서 육체적으로도 정신적으로도 기진맥진해 있었다는 것은 틀림없다. 지구온난화, 이시가키섬 시라호의 공항, 나가라강 하구언……. 문제는 산더미였다. 그러나 그들이 건네는 애도의 말은 그렇게 수없이 많은 문제를 늘어놓음으로써 사건의 본질을 감추려고 하는 것 같았다.

환경청은, 유서는 가족에게 남긴 것뿐이라며 야스하라, 모리의 이름을 적은 유서의 존재를 덮었다. 앞에서 나온 T 기자는 그 이유를 이렇게 말했다.

"여러 가지로 생각해볼 수 있겠지만 갈겨쓴 글이어서 유서

라고 할 만한 것이 아니고 오해를 불러서는 곤란하다고 생각했을지도 모릅니다. 유서가 있었다면 각오를 한 자살이 됩니다. 그렇게 되면 공무재해를 인정받을 수 없게 됩니다. 서위서훈[58]도 받기 어려워집니다. 발작적으로 착란 상태에서 죽음을 택했다고 하는 편이 본인을 위해서도, 남은 가족을 위해서도 좋다고 생각한 게 아닐까요."

T 기자는 이렇게 말하고는 또 하나의 가능성에 대해 말해주었다.

"미나마타 담당국장이 차관에게 사죄의 말을 남기고 자살한 것이 되면 환경청에 대한 비판이 더욱 혹독해집니다. 청 내의 분쟁까지 다시 문제가 되어 비판받을지도 모르지요. 그렇게 생각해서 발표하지 않았을 가능성도 있습니다."

과연 급히 달려온 환경청 관리는 도모코가 "이런 것이 남아 있었습니다"라며 유서를 보여주자 눈물을 흘린 다음 순간, 무슨 이유로 이 유서 한 장의 존재를 덮으려고 했을까. 한 인간으로서 야마노우치 개인과 남겨진 가족을 생각해서였을까. 한 관료로서 공표했을 경우 환경청의 입장을 걱정해서였을까.

또 하나의 의문이 있다. 야스하라 차관에게 쓴 "뭐라고도 사죄의 말을 할 수 없기 때문에"라는 말. 이 **사죄**란 대체 무슨 의미일까. 야스하라는 유서의 의미를 모른다고 했다.

"사죄와 모리 씨에게 남긴 폐라는 말의 의미입니다만, 관청의 조직이란 정말 어렵습니다. 특히 야마노우치 씨는 양심적으로 복지 행정에 대해 고민했습니다. 그런 양심적인 사람이 딱딱한 논리가 버젓이 통용되는 관청의 세계에서 여러 곳과 부딪쳐 괴로워했을 거라고 생각합니다. 관청에서는 인간적인 양심 같은 걸 내세우면 부서지고 맙니다. 국가의 논리로서 끝까지 관철하는, 어느 정도 냉담해지지 않으면 해나갈 수 없습니다. 그런 사람이 살아남는 세계지요. 그건 환경청도 마찬가지입니다. 그런데도 야마노우치 씨는 고민했습니다. 여러 가지로 인간으로서 고민하고, 어떻게든 안 되는 것인가, 무엇이 어렵게 하는가, 이런 생각을 하며 괴로워했습니다."

T 기자는 야마노우치를 그렇게 보고 있었다.

야마노우치는 미나마타병 환자를 어떻게든 구제할 수 없을까 고민한 끝에 공해건강 피해보상 제도를 적용할 생각으로 그 가능성에 대해 각 성청의 견해를 들으러 돌아다녔다. 11월 말 야마노우치가 야스하라의 집으로 찾아간 것도 그것을 의논하러 간 것이었다. 그러나 야스하라에게는 구제책을 찾아내려는 야마노우치의 행동 그 자체가 민폐였을 것이다.

"야스하라 씨는 법률이나 전례, 판례로 결론짓고 진행해가면 되는 것을 뭘 그렇게 답답한 짓을 하는 거야 하며 야마노우치를 시원찮게 생각했을 겁니다. 그런 야스하라에 대해 야

---

58 叙位叙勳. 국가 또는 공공에 공로가 있던 자가 사망한 경우 위계에 임명하고 훈장을 주는 것.

마노우치 씨는 부하로서 자신의 능력이 미치지 못했음을 통감하고 명함 뒤에 사죄의 말을 적은 게 아닐까요.

원래 이번 시찰은 11월 1일 기타가와 씨와 가와모토 씨의 대화로 갑자기 정해진 것입니다. 기타가와 씨는 자민당 안에서도 보수 본류는 아닙니다. 그는 관리의 논리를 알지 못했습니다. '내가 가고 싶은 거다, 뭐가 나쁜가' 하는 말로 통할 줄 알았겠지요. 정치가로서는 그런 태도가 옳다고 생각합니다. 하지만 관료로서는 선물을 마련하지 않으면 안 됩니다. 그건 사무직 쪽으로서는 당연한 생각입니다. 무슨 일이 있어도 그런 짐을 짊어지지 않으면 안 되어 야마노우치 이하 사무직 쪽에 큰 소동이 벌어지게 된 것 같습니다.

회색 지대의 환자들을 구하려는 것이 선물로 여겨졌습니다. 하지만 재판을 하고 있는 이상 그런 건 불가능하다고 대장성도 다른 성청도 말합니다. 야마노우치는 각 성청을 이리저리 뛰어다녔지만 선물을 전혀 준비하지 못한 채 12월 3일을 맞이하고 말았습니다. 그렇게 된 것이지요."

T 기자는 그런 사정을 설명했다. 12월 3일 저녁 회의에서 기타가와는 선물을 준비하지 못한 야마노우치를 질타하며 미나마타에 동행하지 않아도 된다고 말했을 거라 추측한 주간지도 있었다. 기타가와는 이를 부정했다. 그 회의석상에서 구체적으로 어떤 대화가 오고 갔는지는 밝혀지지 않았다. 그러나 단 하나 확실한 것은 아무리 이야기를 나눠도 이 현지 시찰에는 기타가와가 현지로 가는 사실 이외에 수확도 구제

책도 없었다는 점이다.

결과적으로 구체적인 대응책은 전혀 없었다. 그것은 누구나 알고 있었다. 미나마타로 향하는 기타가와도, 받아들이는 입장인 구마모토현 측도 그것을 알고 있었을 것이다.

야마노우치가 남긴 서류 안에 한 장의 팩스 원고가 있었다. 발신처는 구마모토현 공해부 공해대책과, 일시는 1990년 12월 3일 18시 38분. 시찰 이틀 전이다. 구마모토현의 공해대책과에서 환경청의 야마노우치에게 보낸 것으로, 표제는 '지사 기자회견 발언용'(1990년 12월 5일, 기타가와 환경청 장관 구마모토 방문에 즈음하여)이라고 적혀 있다.

물음: 보건복지 시책에 대해서는 무엇을 논의했는가.

현에서는 건강에 불안을 느끼는 분들을 대상으로
지금까지도 특별 의료사업 등의 시책을 실시해왔다.
미나마타병이 아니라며 인정 신청을 기각당했지만
건강이 불안스러워 소송을 제기하기도 하고 인정 신청을
되풀이하는 분들에 한해 미나마타병 문제를 조기에
해결하기 위해서는 다시 얼마간 보건복지에서의
시책이 필요하다는 생각을 여전히 기회가 있을 때마다
국가에(현 의회와 일체가 된 청원, 진정을 하는 등)
요망해왔다.

오늘 이것을 다시 장관에게 요망한 바다. 기타가와 장관과
솔직하게 의견을 교환한 결과 이런 시책의 필요성에
의견 일치를 볼 수 있었다. 가능한 한 내년부터라도
새로운 시책을 착수하는 일에 대해서도 의견 일치를 봤다.
구체적인 내용은 앞으로 국가와 현의 담당자가
계속 논의해나가기로 했다.

기타가와와 간담회를 마친 후 호소카와 모리히로의 코멘트 원고다. 실제로 논의하기 이전에 '의견 일치'를 보는 '솔직한 의견 교환'을 하기 위해 기타가와는 큰 소동을 벌이며 미나마타로 간다고 말했다.

그 결과 기타가와는 환경청 장관으로서 11년 만에 미나마타를 방문했다는 실적을 쌓고 호소카와 지사를 비롯한 구마모토현 측에는 시찰을 오게 했다는 성과를 남겼다. 그리고 환자에 대한 구체적인 대응책이 전혀 나오지 않았고 그 틈새기에서 환경청의 한 관료가 죽었다.

구체적인 구제책이 없는 이상, 장관을 미나마타로 가게 하는 것은 위험하다. 환경청의 사무직 쪽은 그렇게 생각했다. 환자 앞에서 인정파인 기타가와가 그만 "구제하자"고 말해버리기라도 하면 환경청이 스스로 정리한 '국가의 견해'에서 벗어난 일을 하게 된다. 어떻게든 기타가와를 미나마타로 가지 못하게 할 수는 없을까. 그런 환경청의 본심과 야마노우치의

'사죄'라는 말이 실은 서로 결부되어 있다고 지적한 사람은 야마노우치의 고등학교 시절 친구로 아사히신문의 편집위원이기도 한 이토 마사타카다. 이토는 저널리스트로서도 이 사건에 대응했다.

"사죄라는 말을 어떻게 해석해야 할까요. 순순히 해석하면 야스하라 차관에게서 어떤 명령을 받았다, 하지만 그것을 수행할 수 없었다, 그래서 죽음으로 사죄한다, 이렇게 되는 셈입니다. 이것을 미나마타병 소송과 관련지어 제일 먼저 생각할 수 있는 것은 기타가와 환경청 장관이 환자와 대화하려 하고 있다, 그걸 어떻게 할 수 없을까, 방해까지는 아니더라도 그 대화를 어떻게든 그만두게 할 수는 없을까, 하는 것이겠지요."

실제로 기타가와는 11월 6일, 7일 양일간 제네바에서 제2회 세계기후회의에 참석할 예정이었다. 하지만 유엔평화협력법안 국회심의의 영향을 받아 단념했다. 환경청 내의 사무직 쪽은 어떻게든 기타가와를 해외로 내보내고 미나마타 시찰은 일정상 어렵다며 기타가와를 납득시키려고 생각했다.

12월 10일 정기국회까지 스케줄을 다 채워버리면 그 무렵까지는 화해 거부에 불거진 여론의 비판도 잠잠해지지 않겠는가. 사무직 쪽은 기타가와에게 영국과 미국을 방문하게 하여 앞으로의 지구온난화 방지책 등을 협의하게 하는 계획을 세우고 일정 조정에 들어갔다. 그러나 11월 28일 대처 영국 총리가 갑자기 사임하여 기타가와를 영국에 보내는 계획은 실현되지 못했다.

"이런 계획이 모두 실패하여 기타가와 씨가 스스로 미나마타에 가기로 결정했습니다. 그래서 이런 여러 가지 시도를 했는데 그 시도를 한 것이 사무직 쪽입니다. 야마노우치도 그 일원이겠지요. 그런데 그것이 모두 실패했습니다. 그래서 책임을 진다고 한 것이다, 저는 이렇게 해석했습니다."

이토는 말했다.

야마노우치는 기타가와의 미나마타 시찰을 막을 수 없었다. 12월 3일 저녁 회의에서 기타가와가 자리를 떠난 후 야스하라가 그 일로 야마노우치를 질타했다는 것은 충분히 생각할 수 있는 일이다. 사무직 쪽의 수석 국장이 그 자리에 있었다면 인정파인 기타가와가 환자 앞에서 그만 "구제하자"고 호언장담했을 경우 그것을 환경청의 공식 발언으로 받아들일지도 모른다. 그러므로 "자네는 가지 말게"라고 야스하라가 야마노우치에게 말했을 가능성은 있다. 그러나 이것도 어디까지나 추측일 수밖에 없다.

이토는 12월 8일, 나카노구 호센지에서 열린 영결식에서 친구 대표로 조사를 하며 분노를 표했다.

"야마노우치, 지금 나는 화가 나네. 슬프기보다는 화가 나네. 그렇게 빛났던 자네를 구렁텅이로 밀어 넣은 게 대체 무엇이었나 해서 말이네. 직장에 좀 더 떠받쳐준 사람이 없었는가 해서 화가 나네. 동시에 자네한테도 화가 나네. 좀 더 철저하게 관료로 살아갈 방법은 없었던 것인가."

직장에 야마노우치를 떠받쳐준 사람은 없었다. 그것은 환경청이라는 관청의 복잡한 성립 과정이 하나의 큰 원인이었다.

T 기자는 말했다.

"그는 아무튼 다정한 사람이었습니다. 관리로서는 드물었지요. 다른 사람들은 모두 출세나 출신 성청밖에 생각하지 않았습니다."

환경청은 원래 발족한 시점부터 각 성청에서 잡다하게 모인 관청으로 출발했다. 이른바 간부라고 하는 과장 이상의 자리는 그 시점에서 모두 다른 성청 출신자가 차지했다(그 후 1991년 7월 9일, 20년째가 되어서야 환경청 토박이 과장 두 명이 탄생했다). 다른 성청에서 들어온 사람들은 환경 행정에 진지하게 임하기보다는 출신 성청으로 돌아가고 나서의 출세를 더 신경 썼다.

"요컨대 환경청에서는 아무도 노후를 보살펴주지 않는다는 것이지요. 대장성에서 환경청으로 오는 사람은 이를테면 낙오자, 차관 레이스에서 탈락한 사람들뿐이니까요. 정말 일을 하지 않는 사람들뿐입니다. 야마노우치 씨는 동료도 없었고 일은 뭐든지 자신이 하는 사람이었기 때문에 자료도 직접 찾아와서 복사를 했지요."

T 기자는 또 이렇게 덧붙였다.

"관료가 일반적으로 평가받는 요소는 크게 나눠 세 가지입니다. 첫 번째는 자민당과의 관계입니다. 자민당 간부에게 잘 보이느냐의 여부지요. 두 번째는 다른 성청과의 관계입니다. 다시 말해 사전교섭, 서로 돕거나 도움을 받거나 하는 관계를 어떻게 만들어갈 수 있나 하는 것입니다. 세 번째는 매스컴과의 관계입니다. 장래에 차관에서 정계로 진출하려는 사람은 좋은 기사가 쓰였으면 해서 비밀리에 기자들과 교제를 해나갑니다.

야마노우치는 그 어느 것 하나를 봐도 서툴렀습니다. 환경청 내에서는 위에서부터도 아래에서부터도 유능한 국장이라고 여겨지지 않았습니다. 실제로 야마노우치가 기획조정국장에 취임했을 때 자민당 환경부회에서 의원으로부터 "그렇게 무능한 놈은 틀렸어"라고 본인이 있는 자리에서 몹시 심한 욕을 들었습니다. 그런 의미에서는 정말 낮은 평가를 받는 사람이었습니다."

애초에 그는 왜 후생성에서 사무차관이 될 수 없었을까. 상급공무원시험에 2등으로 합격했으므로 차관 레이스의 출발 시점에서는 다른 사람들과 사이를 벌려 놓았을 것이다. 그런 그가 왜 환경청으로 가라는 명령을 받았을까.

1959년 후생성에 들어온 동기 중에서 차관 레이스는 야마노우치 도요노리와 구로키 다케히로의 싸움이라고들 했다.

구로키도 도쿄대학 법학부 출신으로, 후생성에 들어온 해에는 아동가정국 기획과에 배속되었다. 야마노우치가 후생성에서 장관비서관 서리를 했던 1973년, 구로키는 환경청으로 가서 마찬가지로 비서관 서리를 했다. 그때의 환경청 장관은 미키 다케오三木武夫였다. "겸손하고 요령도 좋다"는 것이 기자들 사이에서 구로키에 대한 평가였다고 한다. 그때의 자리에서 봐도 두 사람에 대한 후생성 간부의 평가는 확실히 구로키보다 야마노우치를 위라고 판단했다.

그런데 두 사람에 대한 평가가 1977년에 역전된다. 그해 8월 야마노우치는 사회국 시설과장에 취임하고, 같은 시기에 구로키는 보험국 국민건강보험과장에 취임했다.

쇼와 20년대(1945~1954), 일본 전체에 아직 전후의 가난이 지속되던 시대에는 후생성의 주된 일은 빈궁민 대책이었다. 따라서 당시 후생성 내에서는 주로 빈궁민 대책을 수행했던 사회국이 가장 주목을 받았다. 사회국장은 가장 유력한 자리라고들 했고, 그때부터 쇼와 30년대(1955~1964)에 사무차관으로 올라간 인물은 대부분 사회국장 경험자였다.

그러나 시대가 변해 쇼와 40년대(1965~1974)에 접어들자 국가 전체가 가난에서 벗어나 후생성의 대책도 빈궁민을 중심으로 삼던 것에서 한 발 나아가 의료, 건강보험, 연금 정비로 옮겨간다. 따라서 쇼와 40년대 이후 차관이 된 사람은 대부분 보험국장을 경험한 사람이었다. 그렇게 되면 보험국, 연금국, 약무국 등에서 과장을 하지 않으면 그 후 후생성 전체의 책임을 맡게 되는 자리에 앉을 수 없는 상황이 생겨난다. 그런 경향이 완전히 정착한 쇼와 50년대(1975~1984)에 야마노우치는 서서히 내려앉기 시작한 사회국에 배속되고 구로키는 인기 있는 보험국에 배속되었다.

하지만 이 배속은 야마노우치가 바라던 바이기도 했다. 그는 출세 코스였던 보험국이나 연금국보다는 후생성 안에서도 그다지 중요하게 생각하지 않게 된 장애인이나 생활보호 세대 구제에 종사하는 사회국을 선택했다. 후생성에서 사무차관이 되기를 포기하면서까지 입성 당시의 목적이었던 약자 구제에 집착했다고 한다면 지나친 말일까. 그러나 객관적으로 야마노우치는 차관 레이스에서 스스로 내려온 것으로 보인다. 그 단계에서 구로키는 장래 자신이 사무차관이 될 거라고 확신했을 것이다. 그 후 구로키는 약무국, 대신관방[59] 심의관(의료보험 담당), 보험의료국 등 중요한 국에서 과장, 부장을 역임하고 1990년 6월 말 그대로 수석 국장인 보험국장에 취임한다.

후생성 기자클럽 출신의 한 기자에 따르면 야마노우치는 확실히 아주 뛰어난 두뇌의 소유자로, 유능한 관리라는 말이 가장 어울리는 인물이었다고 한다. 특히 비서관처럼 누군가 윗사람을 보좌하는 자리에서는 무척 일을 잘했다. 게다가 그는 정말 세세한 데까지 마음을 쓰는 사람으로, 가끔 기자들과 술집에 가서 떠드는 와중에도 자기 이외의 모든 사람들이

즐겁게 시간을 보내고 있는지, 누군가 재미없게 있지나 않는지 늘 신경을 쓰며 돌아다니는 사람이었다고 한다. 그런 그의 성격이 남들 위에 섰을 때 모든 사람에게 너무 성실하게 대응하려고 한 나머지 결단을 늦추기도 하고 그 발언을 모호한 것으로 만들었다.

야마노우치의 그런 성실함이 1977년 시점에 역전된 원인이 되었다고 기자는 말한다. 보험국은 의사회, 연금국은 국회를 무대로 정치가와 싸울 만한 배짱과 결단력, 과감성이 필요했다. 이 시점에서 간부는 야마노우치가 그런 자리에 적합하지 않다고 판단한 것이다. 그때 야마노우치의 지향과 후생성 간부의 판단이 각각 다른 의도에서 일치했다. 어떤 의미에서 1986년 야마노우치가 환경청으로 간 것은 그 10년 전에 이미 결정된 일이었다고 할 수 있다.

상대의 입장에 서서 생각하는 성실함이나 복지에 대한 이상론 같은 것은 후생성에서 필요로 하지 않는 것이었을지도 모른다. 야마노우치가 스스로 말한 복지에 종사하는 사람에게 불가결한 자질인 '사람에 대한 관심'이 관료로서 좋은 평가를 얻는 데 가장 방해가 되었을지도 모른다. 그러나 그것은 그가 간 환경청에서도 똑같았다.

---

59 大臣官房. 각성 장관에게 직속되어 기밀에 관한 사항, 재정, 인사, 문서관리 등의 사무를 처리하는 부국.

공해과에서 야마노우치의 상사였던 하시모토 미치오는 그를 이렇게 평가했다.

"저는 야마노우치를 속속들이 알고 있습니다. 일도 잘하고 굉장히 좋은 사람, 친절한 사람, 멋진 사람, 영리한 사람입니다. 하지만 그 사람한테 그 자리는 너무 무거웠을 겁니다. 환경청 기획조정국장이라는 자리는 상당한 권능이 있습니다. 때로는 화를 내고, 때로는 싸우지 않으면 안 됩니다. 그리고 결단을 내리지 않으면 안 되지요. 게다가 그 자신으로서는 어디까지 파고들 수 있었을까 하는 괴로움이 있었겠지요. 저는 그렇게 생각합니다.

저는 그가 기획조정국장이 되었을 때 과연 해낼 수 있을까 하고 생각했습니다. 그를 낮게 평가하는 말이 아닙니다. 정말 좋은 사람이거든요. 그러나 인사라는 건 적재적소에 하지 않으면 혹독한 것이 됩니다. 저 같은 사람도 넥타이를 잡히기도 하고 걷어차이기도 하고…… 온갖 욕설로 비방을 듣기도 했습니다만, 저는 이미 마구 비난당하는 일에 익숙해졌으니까요.

저와 비교하면 그는 순수한 데가 있는 사람입니다. 그걸 비난할 생각은 추호도 없습니다. 그건 저마다 갖고 있는 특징이지요. 그를 사회국장 정도로 두었다고 해보세요. 좋은 일을 했을 겁니다. 그런 사람한테 왜 기획조정국장을 맡겼는가 하는 겁니다."

하시모토는 동시에 후생성, 환경청의 인사를 비판했다. 복지과장이나 보호과장 정도의 자리에 있었을 때는 그의 이상주의나 인간적인 다정함, 복지에 대한 열정을 살렸고 좋은 평가도 받았다. 그러나 야마노우치의 직위가 올라감에 따라 관료로서 요구되는 것은 그런 '이상'이 아니라 '사전 교섭'이나 '흥정'이라는 정치 수완으로 변했다. 환경청 기획조정국장은 그런 수완이 가장 필요한 자리였다.

그는 직위가 올라가는 것을 바라지 않았다. 도모코에게는 입버릇처럼 "현장으로 돌아가고 싶소" "사이타마 시절이 제일 즐거웠소……"라고 말했다.

후생성 내에서도 야마노우치에게 기획조정국장은 적합하지 않는다는 목소리가 있었다. 그가 미나마타 문제로 괴로워하고 있을 때 "사회국장 정도의 직위로 후생성으로 돌려보내는 게 어떠냐"는 목소리가 간부에게서도 나왔다고 한다. 그러나 "조금만 더 견디면 차관이 될 수 있으니까"라는 의견도 있고 적당한 자리가 준비될 것 같지 않다는 현실적인 문제도 얽혀서 그 안은 지워졌다. 그러나 야마노우치가 안고 있던 불행은 그 본질이 직위 문제에 있는 게 아니라 이상주의가 현실주의에 압도당하는 현재라는 시대 전체가 안고 있는 문제였음을 관청 사람들은 과연 이해하고 있었을까.

야스하라 다다시 환경청 사무차관은 1958년 도쿄대학 법학부를 졸업하고 대장성에 들어갔다. 대학 시절 야마노우치의 1년 선배다. 대장성 시절 야스하라는 이재국에 소속했다. 대장성에 들어간 동기 중에는 총리대신 비서관을 했던 오자키 마모루尾崎護, 주계국 총무과장에서 주계국 차장에 취임한 가도야 마사히코角谷正彦와 함께 특출난 삼총사라 불리며 한때는 사무차관 후보로서 이름이 올랐을 정도의 인물이다.

그러나 야스하라는 이 차관 레이스에서 패배한다. 그가 소속됐던 곳은 이재국이라는 대장성 내 세 번째 국이었다. 아무래도 주계국, 주세국보다는 레이스에 불리했던 점도 하나의 패인으로 들 수 있다. 야스하라는 환경청 차관을 역임한 후 낙하산 인사로 대장성 관련 단체로 가게 된다.

야마노우치의 직속 부하인 기획조정국 과장인 H도 도쿄대학 경제학부를 졸업한 대장성 출신자였다. 그도 일찌감치 대장성 차관 레이스에서 제외된 사람이었다.

대장성은 미나마타병 소송에서 환자에게 거액의 보상금 같은 건 당치도 않다는 입장이다. 그렇게 되면 대장성 출신자는 출신 성청의 의향에 따른 환경 행정을 지향한다. 환경청에 뼈를 묻을 각오를 하는 사람이라면 모를까 결국에는 대장성으로 돌아가거나 낙하산 인사로 대장성 관련 단체로 가려고 생각한다면 그렇게 하는 것이 관료의 상식이다. 야마노우치는 그런 두 사람의 대장성 출신자 틈에 끼어 있었다.

야마노우치가 "힘든 것은 외부가 아니라 내부요"라고 말했던 것은 이것을 가리킨다. 야마노우치는 대장성의 의향과 환경청의 의향, 환자의 마음과 국가의 견해, 기타가와 장관의 미나마타 시찰을 둘러싼 다양한 생각, 그리고 환경청 내에서 대장성 출신자와의 알력, 무엇보다 야마노우치 내부에서 인간으로서의 마음과 관료로서의 입장, 이런 삼중, 사중으로 겹쳐진 상황에서 죽음을 선택했다고 판단할 수 있다. 그것이 그가 내린 결론이었다.

그러나 마지막으로 아무래도 한 가지 의문이 남는다. 둘 사이에 끼어 꼼짝하지 못하는 괴로움에서 벗어나기 위해서라면 왜 환경청을 사직하지 않았을까. 왜 관료를 그만두지 않은 것일까. 사직하는 것으로 해결할 수 없는 뭔가가 있었던 것일까.

저서도 있고 전 환경청 수석 국장이었다면 퇴직한 후에 어딘가의 대학에서 강사로 교단에 설 수 있고 휴일에는 부부가 미술관 나들이를 하는 생활도 충분히 가능했을 것이다. 도모코가 말한 대로 "정년이 좀 앞당겨졌다"고 생각하면 그걸로 되었을 것이다.

실제로 4일 저녁에는 사직할 결심을 굳히고 가족에게도 그렇게 이야기했다. 이튿날이 되어 그 발언과 다른 결론을 택한 것은 왜일까.

생전에 야마노우치와 친했던 간질협회의 마쓰토모 료는 그가 죽은 직후부터 그의 죽음은 결코 발작적인 것도 착란 끝의 자살도 아니라고 단언했다.

"텔레비전 같은 걸 보고 피곤한 모습은 알고 있었지만 야마노우치 씨는 지금까지도 여러 가지로 괴로운 상황을 타개해 온 분이라서 당연히 이번의 어려운 상황도 헤쳐 나갈 거라고 생각했습니다.

이해할 수 있다거나 공감할 수 있다는 것은 아닙니다. 하지만 적어도 도망쳐서 죽은 것은 아니라는 느낌입니다. 당연히 살아서 싸워나간다, 타개해나간다는 것이 가장 중요하다고 생각합니다만, 그 사람 나름의 생활 방식에 대한 정합성, 일관성을 보여주지 않았나 싶습니다. 적어도 자기 자신의 생활 방식, 자기 자신의 논리에 충실하게 살려고 했고, 그랬기 때문에, 말하자면 죽은 게 아닐까요. 관리로서의 자신에게 충실하게, 인간으로서의 자신에게 충실하게 살려고 했을 때 결국 스스로에게 그런 형태로 결론을 내리지 않을 수 없었던 게 아닐까 싶습니다.

그러므로 그런 의미에서는 누군가의 압력이라는 외부적인 문제가 아니라 그 사람 나름대로 그 자신의 미학이랄까, 그 자신의 성실함으로 문제에서 도망치지 않았기 때문에 자폭해버린 거라고 생각합니다."

야마노우치는 자신이 쓴 시나 작문, 논문 등은 모두 정성껏 상자에 정리해두었다. 그 상자 안에 「그러나」라는 제목의 시 한 편이 있었다.

그러나

그러나…… 라는
이 말은
끊임없이 내 가슴속에서 중얼거려
지금껏 내 마음속 단 하나의 의지할 곳이었다
내 생명은, 정열은
이 말이 있었기에
나의 자신감은 이 말이었다
하지만
요즘 이 말이 들리지 않는다

가슴속에서 거목이 쓰러진 것처럼
이 말은 어느새 사라졌다
그러나…… 라고

이제 이 말은 들리지 않는다
그러나……
그러나……
몇 번이고 중얼거려보지만
그 빛나는 의욕,
그 화려한 정열은
이제 사라져버렸다

'그러나……'라고
사람들을 향해
그저 혼자 멈춰 서서
석양이 바야흐로 지려 해도
강력하게 외칠 수 있었던 그 자신감을
그래
내게 다시 한번 돌려줘.

이 시를 처음으로 쓴 것은 야마노우치가 열다섯 살이었을 때다. 고등학교 문예부에 소속되어 시작에 몰두하던 시기다. 야마노우치는 이 시에 애정이 각별했던 듯 노트에 여러 번 베껴 썼다. 두 번째는 대학 시절, 소설가를 지망하여 투고와 낙선을 되풀이했던 때의 대학 노트다. 되풀이해서 적고는 자기 자신을 질타하고 격려했는지도 모른다.

그리고 세 번째. 일시는 확실히 모르지만 왼쪽 아래에 '재정경제홍보'라고 적힌 원고지에 파란색 잉크로 쓴 이 시는 그가 손수 정리한 서류함 맨 위에 올려져 있었다. 아주 최근에 적은 것인 듯하다.

도모코는 야마노우치가 세상을 떠난 후 그가 남긴 문서들을 정리하다가 이 시를 발견했다.

"그 시를 봤을 때 그 사람의 신념이랄까 자신에게 엄격한 규준이 모두 그 시에 응축되어 있는 것 같았어요. 정말 가슴이 미어졌습니다……."

'그러나'란 현실 사회에 이의를 제기하는 항의의 말이고 청년기 특유의 결벽을 보여주는 말이며 이상주의를 상징하는 말이다. 야마노우치의 인생은 바로 이 시와 마찬가지로 늘 역접의 인생이었다. 학창 시절도, 후생성 시절도 그랬다. 관료라는 직업에 종사하면서도 그 대명사인 '파벌주의'나 '권위주의' '출세주의'라는 것과 항상 일선을 그어왔다. 노력은 물론이지만 그의 자질이 그렇게 하게 했다.

이 「그러나」라는 시는 도모코가 말한 대로 그의 인생관을 응축시킨 것이다. 그와 동시에 자신의 내부에 대한 일종의 상실감, 그 상실에 대한 초조감을 말한다는 점에서도 역시 가장 야마노우치다운 것이다. 그가 열심인 것, 필사적인 것, 진지한 것은 이 상실감과 거기서 오는 초조감이 뒤에서 밀어준 것이었다.

그 초조감이 뒤에서 밀어줌으로써 그의 복지에 관한 활동이 진행되었던 것이다. 그러나 그의 복지에 관한 활동이나 인식을 관료로서 직접 그의 일에 살리는 경우는 많지 않았다. 살릴 수 없었다고 해도 좋다. 그것이 그의 약점이기도 했다.

야마노우치가 환경청에 재직하는 동안 공해건강 피해보상제도가 폐지되었다. 그 어리석음을 그는 이해하고 있었을 것이다. 그러나 그 인식을 말로 하지 않았다. 한 관료로서는 어쩔 수 없는 일이다. 장관은 이나무라 도시유키다. 그런 것을 한 관료의 신분으로 진언한다면 관료로서 그의 인생은 그 시점에 끝나고 말았을 것이다.

자연보호국장 시절 그는 아내와 둘이서 마치다 주변의 자연을 산책하고 둘이서 산을 걷고 그 자신의 잃어버린 소년 시절을 되찾으려고 자연에 몸을 담그며 평온한 나날을 보냈다. 한편 나가라강에 하구언이 건설되고 시라호의 산호초는 공항 건설 용지로 매립될 위기에 처했다. 그와 관련한 일본 자연보호 행정의 최고 책임자라는 입장에 몸을 두었으면서도 그는 관리로서 커다란 역접 작용을 할 수는 없었다.

그러나 그 일로 그를 비난할 수 있을까. 그가 53년에 걸쳐 간신히 붙잡은 가정의 행복을, 일상의 평온을 부정할 수 있는 사람은 아무도 없다. 그것을 부정할 수 있는 사람이 있다면 그것은 야마노우치 도요노리 단 한 사람이다. 쉰세 살이라는 인생의 결산기를 맞이하여 그는 고등학교 시절에 쓴 「그러나」를 다시 한번 자신을 향해 써보았다. 그러나 그 안에서 뜨거운 것은 도저히 되살아나지 않았다.

어떤 의미에서 야마노우치의 30년에 이르는 관료 생활은 이 '그러나'라는 말을 자신 안에서 하나하나 지워가고 그 상실을 확인해가는 작업의 연속이었다고 볼 수 있다. 야마노우치는 이 작업의 연속 끝에 하나의 결론에 이르지 않았을까. 야마노우치가 남긴 노트에 1953년 8월 9일이라고 적힌 다음과 같은 창작 글이 있다.

꿈의 말

○

내 마음속 구름이 말했다. "자신이 어디로 가는지
알 수 없게 된다. 어디로 가려고 하는지, 그리고 자신이
움직이고 있는지. 이상한 일이다, 조금 전까지 나는
그렇게 기뻐하고 자신이 바라던 것을 알고 있었는데
잊어버린 걸까. 아니, 잊을 리 없다. 그렇다면 나는
자신의 생각을 바꿔버린 걸까. 그러나 어제의 나와
오늘의 나는 완전히 같지 않은가."
나는 대답해주었다. "가르쳐주자, 그것은 너의 새로운
감정 때문이다. 네게 일어난 새로운 절망, 그리고
그것이 왜 일어났는지, 너는 모를 것이다. 오늘의
패배가 너를 그토록 괴롭히는 것을.
구름은 대답하지 않았다. 나는 쓸쓸한 기분으로
계속했다.
"그리고 절망은 사라지는 때가 있다. 그러나 패배는
어쩔 수 없다. 패배로 바뀐 생활은 어쩔 수 없는 것이다.
너는 아직 괜찮다, 그런 때는 네 자신이 사라져버리니까.
그러나 인간은 언제까지고 살아 있다. 패배에 고통을
당해도 견디지 않으면 안 된다. 절망에도 기쁨에도
아무리 괴로워해도 인간은 살아 있다. 그것이 얼마나
가련한 일인가. 적어도 나는 꼭 미쳐버릴 것 같은데."
나는 혼자 걸으며 어쩐 일인지 웃고 있었다.

○

확실히 말하자. 거기에 살고 있고, 거기서 생각하고
있는 것은 나라고, 틀림없는 이 나라고.

상실이 절망을 낳는다. 그리고 지울 수 없는 패배가 그를 휩싼다. 미나마타병 화해 권고 거부라는 현실을 앞두고 쉰세 살 야마노우치의 심경도 바로 패배의 심연에 있었다.

야마노우치에게는 정리벽이 있었다. 특히 자신이 지은 시나 작문은 초등학교 시절부터 죽기 직전까지 40년 이상에 걸쳐 손수 정리하여 모아두고 있었다. 어떤 때는 '연록'^{年錄}이라 명명하고 자기 인생의 발자취를 돌아보며 성장 과정부터 현재까지를 극명하게 더듬어가 노트에 적었다. 또 어떤 때는 자신이 읽은 책 한 권 한 권을 연대별로 정리하고 '장서록'을 만들었다.

그는 모든 과거를, 과거의 자신을, 청년기의 빛나는 것으로 가득 찬 모든 말을 마음속에서 질질 끌고, 그리고 그것들에 속박되어 쉰세 살의 지금을 살고 있었다. 과거의 자신에 대한 집착이 현실의 자신을 간신히 지탱하고 있었다. 그러나 미나마타병 화해 권고 거부라는 이번 사건, 그리고 그 뒤에서 자신이 행했던 여러 가지 무의미한 획책은 항상 약자 측에 서고자 한 지금까지의 자세를 정면으로 부정한 것이었다. 패배를 당한 야마노우치는 거기에서 눈을 돌릴 것인가, 패배라는 현실을 받아들일 것인가 하는 선택에 봉착했다.

야마노우치는 영화 〈이토록 긴 부재〉를 좋아했다. 주인공 알베르는 기억을 상실한 사람이었다. 기억을 되찾게 하려고 테레즈가 카페에서 알베르와 춤을 춘 곡은 이런 가사가 붙어 있었다.

> 삼박자 곡이 추억으로 이끈다
> 가게의 웅성거림도 사라지고
> 악보를 덮고 잠에 빠져든다
> 하지만 어느새 불현듯
> 추억이 되살아난다
> 잊고 싶었는데

알베르는 전시에 게슈타포에게 끌려가 겪은 쓰라린 경험을 완전히 잊고 있었다. 그는 과거와 전혀 관계없는 지금만을 살아갈 수 있었다. 그 점에서 알베르는 무척 행복했을 것이다. 어쩌면 야마노우치는 알베르처럼 '기억을 잃는 것'에 끌려 이 영화를 되풀이해서 본 게 아닐까.

자신 안에서 차례로 축적되어가는 상실감과 패배감을 그는 어떻게든 잊고 싶었다. 그러나 그의 진지함이 거기에서 눈을 돌리는 것을 허락하지 않았다. 결과적으로 그는 그 자신에게 망각이라는 행위를 금하고 말았다. 그리고 가장 소중한 것을 상실해버린 지금의 자신을 긍정하며 살아가는 것도 그에게는 도저히 불가능했다. 그 결벽과 강한 자기애가 그를 자기 부정으로 향하게 했다.

12월 5일 오전 10시. 패배로 기력을 잃은 야마노우치가 마지막으로 본 것은 2층 유리창 너머로 멀리 떠오르는 겨울 구름이었을까. 야마노우치에게 그 구름은 어디까지나 아름답고 순수하여 패배와는 무관한 존재로 보였을지도 모른다. 나이가 들어감에 따라 사람은 '그러나'라는 말을 자기 안에서 잃어간다. 그리고 그 말을 '하지만……'이라는 변명의 말로 바꾸며 살아간다. 야마노우치는 그것을 용서할 수 없었는지 모른다. '그러나'라고 말할 수 없게 된 쉰세 살의 자신을 열다섯 살의 자신으로 심판한 것이 아닐까.

"다시 한번 돌려줘"라는 야마노우치의 외침은 자신을 향한 것이었을까. '하지만'이라는 시대를 향한 것이었을까.

현실주의의 시대 속에서
'그러나'라는 말이 야마노우치 안에서 사라지고,
시대에서 또 하나
'그러나'라는 말이 사라졌다.

종장

재회

영결식이 끝나고 며칠이 지나 도모코는 두 딸과 누마즈에서 상경한 아버지와 함께 환경청을 방문했다. 부의금이나 장례비 일로 비서과장인 O와 상의할 약속이 있었다.

용무가 끝나고 도모코는 장관실을 찾았다. 기타가와는 거기에 있었다.

"따님의 혼담이라도 앞두고 있었다면 죽지 않아도 되었을지 모르는데 말이지요."

기타가와는 도모코에게 그 말만 하고 일 이야기는 하려 하지 않았다. 도모코는 다음으로 야스하라에게 인사하러 갔다. 야스하라는 도모코를 보고 확실히 동요하는 것 같았다.

"야마노우치 씨 후임이 정해져서……."

'나한테 할 말은 아니지 않나…….'

도모코는 이렇게 생각했다. 차관실을 뒤로한 도모코는 관청 사람에게 부탁해서 남편이 일했던 21층 국장실로 들어갔다. 창문을 열고 아래를 내려다보았다.

'여기서 떨어질 수도 있었을 텐데, 그 사람은 왜 집까지 돌아왔을까.'

콩알만 한 사람들의 움직임을 눈으로 좇으며 그때 도모코는 이런 생각을 했다. 12월의 바깥공기가 뺨에 차가웠다.

그로부터 2년 가까운 세월이 흘렀다.

"야마노우치 씨의 죽음을 헛되이 하지 않고 미나마타 문제 해결을 향해……."

이렇게 말했던 기타가와 이시마쓰는 야마노우치가 죽고 3주 뒤에 환경청 장관 자리에서 해임되었다. 기타가와를 대신하여 1990년 12월 30일, 아이치 가즈오愛知和男가 제25대 환경청 장관에 취임했다. 아이치는 리쿠르트 사에서 13년에 걸쳐 총액 1,260만 엔의 헌금을 받은 일이 발각되어 미야기현 지사 선거에 출마하는 것을 포기한 직후였다.

"의원으로서 지구환경 문제의 국제회의에 참석한 일도 있고 무척 관심이 있기 때문에 열심히 해보고 싶습니다. 국내에서는 자동차 배기가스나 수질 오염 문제, 지구환경에서는 지구온난화와 오존층 파괴 문제 등에 주력하고 싶습니다."

아이치는 이런 취임의 변을 밝혔다. 그러나 아이치는 골프장을 후원하는 '골프산업 진흥 의원연맹'의 부이사장을 역임하고 '대규모 리조트 건설 촉진 의원연맹'과 '나가라강 하구언 건설 촉진 의원 유지회'에도 이름을 올린 개발 추진파의 중심인물로 취임 당초부터 그 적합성에 의문이 제기되었다.

아이치에 이어 장관에 취임한 나카무라 쇼자부로中村正三郎는 더욱 지독했다. 지바현 출신인 나카무라는 세상을 떠난 부친 나카무라 요이치로中村庸一郎 의원 이래 2대에 걸쳐 도쿄만 횡단도로 건설이 비원인 개발 촉진파였다. 계획 단계에서부터 그 필요성과 도쿄만의 자연파괴가 문제가 되었던 이 도로 건설 계획을 나카무라는 반대를 무릅쓰고 성사시켰다.

그리고 나카무라는 신공항 건설로 흔들리고 있던 이시가키섬에 장남 명의로 이시가키 시사이드 호텔을 소유하고 있었다. 생태계 보호인가 공항 건설인가 하는 문제로 크게 동요하고 있던 섬에서 환경청 장관이 리조트 호텔을 경영하고 있어 그 식견이 의심받았다. 이 개발 추진파의 잇따른 장관 취임의 배경에는 기타가와를 장관으로 삼은 것에 대한 자민당의 반성이 강하게 느껴졌다.

야마노우치가 죽고 1년 2개월이 지난 1992년 2월 7일. 도쿄 지방법원에서 '미나마타병 도쿄 소송'의 판결이 나왔다. 국가로서는 화해를 거부하면서까지 고대하던 판결이었다.

화해 권고를 냈던 아라이 신지 재판장은 최대 초점이었던 행정 책임에 대해 "행정에는 당시 어획을 일반적으로 금지할 권한은 없고 오염원을 단정할 수 없는 단계에서는 짓소의 공장 배수를 규제할 만한 요건도 갖춰져 있지 않았다"는 판결을 내렸다. 국가의 법적 책임을 부정하고 그 주장을 전면적으로 인정하는 판결이었다.

일본이 물질적으로 풍요로워진 시대에 경제성장의 희생이 된 미나마타병 환자들. 그들을 말 그대로 생지옥으로 몰아넣은 경제성장. 그 일본의 '발전'을 떠받친 기업과 정부의 범죄를 사법은 끝내 심판할 수 없었다.

> 농림수산성은 본건에 법적 책임이 없다고 주장하고
> 지금까지의 주장이 인정된 것으로 받아들이고 있다.
> 다나부 마사미 농림수산성 장관 담화

국가는 지금까지 법적 책임이 없다고 주장하고
그 주장을 인정받았다고 생각한다.
와타나베 고조 통산산업성 장관 담화

미나마타병의 발생, 확대에 관한 국가 배상 책임이
부정되었다는 것에 대해서는 우리의 주장이 정당하게
평가받은 것으로 생각한다. 그러나 일부 원고 가운데
상당한 정도로 미나마타병일 가능성이 있는 사람이
포함되어 있다는 점을 미루어 앞으로 판결 내용을
상세히 검토하고자 한다.
나카무라 쇼자부로 환경청 장관

사전 교섭이 용의주도했던 것인지 완벽하게 통일된 관련 각 성청의 담화였다.

야스하라 다다시 사무차관은 2년 임기를 1년 만에 마치고 1991년 7월 낙하산 인사로 대장성 관련 농림어업금융공고의 이사가 되었다. 1992년 7월 후생성에서는 야마노우치의 라이벌이라고 했던 후생성 입성 동기 구로키 다케히로 보험국장이 순조롭게 사무차관에 취임했다.

그 2년 동안 도모코에게도 많은 일이 있었다. 1991년 11월, 남편이 세상을 떠나고 1년 가까운 시간이 지났을 때 야마노우치가에 '공무상 재해'가 인정되었다는 소식이 전해졌다. 자살자에 좀처럼 내려지지 않는 인정이어서 이례적인 조치라고 할 수 있었다. 이와 같은 시기에 서위서훈을 내린다는 소식도 전해졌다.

정4위로 서위한다.
1990년 12월 5일
내각 총리대신 가이후 도시키 봉

덴노는 야마노우치 도요노리를 훈3등에 서위하고
욱일중수장을 수여한다.

상장에는 이렇게 쓰여 있었다.
"뭐랄까, 오히려 허무하게 느껴지네요."
 상장에 시선을 떨구며 도모코가 말했다. 남편이 세상을 떠난 뒤 도모코는 공무상 재해를 신청하는 데 필요한 자료로 집에 있을 때 남편의 모습 등을 편지지 일곱 장에 써서 환경청에 제출했다. 거기서 도모코는 유서에 쓰인 글이 무엇을 의미하는지, 무엇이 이런 사태를 불러왔는지 알고 싶다고 호소했다.
 그 질문에 대한 환경청의 답변은 2년이 지난 시점에서도 그녀에게 오지 않았다.

남편을 먼저 보내고 도모코는 괴로워했다.

나는 남편을 얼마나 이해하고 있었을까. 부부로 20년 넘게 같이 살면서 그 사람을 사실 거의 알지 못했던 게 아닐까. '감사'라는 단 한마디만 남기고 죽어버렸기에 남겨진 사람으로서 견딜 수가 없다. 왜 죽었는지 나는 전혀 알 수 없다. 제일 가까이 있으면서 나는 왜 그 죽음을 막을 수 없었을까.

전날 남편이 관청을 그만둔다는 말을 꺼냈을 때 "괜찮아요, 어떻게든 될 테니까"라고 말하지 않았으면 좋았을 텐데. 그런 내 말을 듣고 이제 자신이 없어져도 괜찮다고 생각한 것일지도 모른다.

내가 죽게 내버려둔 것이다.

사람은 고독한 존재다.
철저하게 혼자인 것이다.
설령 부부라도 그것은 마찬가지다.

죽음 직후 도모코는 남편을 이해할 수 없었다는 사실에 계속해서 시달렸다. 그리고 계속해서 자신을 책망했다.

'나는 당신 옆에 있어 행복했다고 그 사람한테 분명히 전했을까.'

도모코는 그런 자신이 없었다.

'이심전심 같은 건 부부 사이에도 있을 수 없는 일이다. 원래 타인이다. 사람은 서로 이야기하지 않으면, 말로 하지 않으면 이해할 수 없다. 나는 이렇게 생각한다고 말로 전하지

않으면 안 된다. 우리 부부에게는 그런 말이 부족했다.'

도모코는 그것을 후회했다.

시간이 흘렀다. 1992년 봄. 차녀 미카코가 1년 재수 끝에 희망한 K 대학의 수의학부에 합격하여 4월부터 캠퍼스 생활을 하게 되었다. 야마노우치가도 조금씩 활기를 되찾았다.

'사람은 결국 사람을 이해할 수 없는지도 모른다.'

한때 그렇게 생각했던 도모코도 생각을 조금 바꿨다.

'사람은 고독하다. 철저하게 혼자다. 그러나 그것을 확실히 인식하고 거기에서 출발해야만 사람은 사람을 사랑할 수 있다. 고독하다는 것을 인식하지 않으면 사람은 사람을 이해할 수 없다.'

도모코가 혼자 괴로워하고 있을 때 친구들이 주위에 모여들었다. 남편의 친구들도 그녀를 떠받쳐주었다. 그런 떠받침이 없었다면 그녀는 그 세월을 극복할 수 없었을지도 모른다.

'혼자가 되어서야 자신은 혼자가 아니라는 것을 알았다.'

도모코는 그렇게 느꼈다.

"죽음으로써 저를 살게 하고 있어요. 그 사람이 죽어서 제 주위에 정말 많은 친구가 모여들었거든요. 게다가 저는 부부라는 것, 산다는 것, 죽는다는 것을 진지하게 생각하게 되었어요. 이건 모두 남편이 준 선물이에요.

결혼 같은 무서운 생활을 용케 20년이나 해왔다고 생각합니다만, 그 마지막에 남편은 큰 선물을 남겨주었어요. 죽은 사람을 뒤쫓아 가도 아무 소용이 없어요. 안녕이라는 말을 들었으니까 나도 안녕을 고하지 않으면 안 되겠지요. 이별을 이별로 받아들이고 제 안에서 그의 죽음을 인정해주지 않으면…….

괜찮을 거라고 생각했으니까 남편은 딸과 저를 남겨두고 먼저 갔겠지요. 그래서 남편은 제가 괴로워하는 것을 바라지 않을 거라고 생각해요. 그 사람이 기뻐할 일이 무엇일까요. 그건 아마 저희가 힘차게 살아가는 것이겠지요. 제가 두 아이를 사회에 건강하게 내보내는 일일 거예요.

왜 죽었는지는 여전히 전혀 모르겠어요. 하지만 여기까지 돌아오는 도중에 얼마든지 죽을 수 있었을 텐데 그 사람은 집으로 돌아와 내 얼굴을 보고 나서 죽고 싶었던 거구나, 그렇게 생각해요. 그게 저에 대한 그 사람의 마지막 응석이었어요. 그 사람은 내 옆에서 안심하고 죽었구나, 이렇게 생각하고 싶어요.

자살이니까…… 아마 본인도 지금은 후회할 거라고 생각해요. 제가 한참 후에 그 사람과 같은 저세상으로 갔을 때 당신이 없어져서 이렇게 고생했다, 이렇게 힘들었다고 해도 어쩔 도리가 없잖아요. 그보다는 당신이 죽은 후 이런 즐거운 일이 있었다, 이런 것을 생각했는데 빨리 가버려서 아까웠다…… 앞으로 이렇게 말할 수 있는 시간을 보내고 싶어요."

도모코는 이렇게 말한 후 중얼거렸다.

"이렇게 생각하게 되기까지 2년이 걸렸어요."

현재 도모코는 친구 이토 마사타카 등과 함께 야마노우치 도요노리의 창작이나 논문을 모은 유고집 출판을 준비하느라 분주하다. 도모코와 두 딸도 이 유고집에 실을 짤막한 글을 썼다.

"유고집이 완성되면 저는 정말 남편한테 안녕을 고할 수 있을 거예요. 깔끔하게 안녕을 고할 수 있겠지요. 그런 기분이 들어요."

도모코가 말했다.

그 가을 도모코에게 기쁜 소식이 하나 있었다. 자치회 위원장의 추천을 받아 그해 12월부터 지구민생위원을 맡게 된 것이다. 민생위원에게는 생활보호 세대와 복지사무소를 중개하는 역할이나 70세 이상 노인들에게 시나 도에서의 장려금을 전해주는 일이 맡겨진다.

"복지 업무의 말단이지만…… 3주기를 앞두었을 때 이렇게 그 사람이 마지막까지 집착했던 복지 현장에 제가 참여하게 되어…… 저한테 남아 있는 힘으로 뭔가 할 수 있는 일이 있다면 하는 생각으로 받아들였습니다만…… 남편이 쓴 것을 참고하면서 임하려고 해요."

한마디 한마디를 음미하듯이 말한 도모코는 기쁜 듯이 웃었다.

"뭔가 분에 넘치는 일이죠"

2년이 지나서야 도모코는 드디어 남편이 남긴 편지와 일기에 손댈 수 있게 되었다. 남편이 마지막으로 자신에게 남긴 '감사'라는 두 글자도 다정한 마음으로 받아들일 수 있게 되었다.

지금은 아직 일방통행이지만 도모코는 하루하루의 생활을 통해 여러 가지 것을 남편에게 이야기하고 있다.

오늘은 이런 것을 먹었다.

오늘은 이런 생각을 했다.

오늘은 딸과 당신 이야기를 했다.

또 야쿠시 연못에서 제비꽃을 발견했다.

이렇게 함으로써 도모코는 한 발짝씩 남편을, 야마노우치 도요노리라는 한 인간을 이해해가고 있다.

"지금 다시 한번 할 수 있다면
우리 부부는,
분명히 잘 살 수 있을 거라고 생각해요……."

도모코는 이렇게 말하며 환하게 웃었다.

야마노우치 도요노리 연보

1937년	1월 9일	후쿠오카현 후쿠오카시 노마하타다(野間畑田) 599번지에서 아버지 도요마로, 어머니 도시코의 장남으로 태어난다. 아버지는 직업군인이었다.
	11월	아버지의 임지인 도쿄 나카노구 나카초로 이사, 여기서 유년기를 보낸다.
1943년 6세	4월	후쿠오카시의 다카미야초등학교 입학.
1944년 7세	4월	아버지의 히로시마 부임과 함께 이사.
	6월 3일	아버지, 중국으로 출정.
1945년 8세	4월	후쿠오카로 돌아와 후쿠오카시 호리카와마치에 살고 있던 조부모와 함께 산다. 하루요시초등학교로 전학. 어머니, 야마노우치가를 떠난다.
1946년 9세	4월 21일	아버지, 상하이에서 전병사(육군 중령으로서 훈3등을 수여). 도요노리는 유교주의에 기초한 조부 도요타의 엄격한 가정교육을 받는다.
1948년 11세		하루요시초등학교의 동급생 모리베 마사요시의 영향으로 시를 쓰기 시작한다. 시인 미요시 다쓰지에 경도된다.
1949년 12세	4월	사립 세이난가쿠인중학교에 입학. 세이난가쿠인이 프로테스탄트 계열의 학교였던 영향으로 『성서』를 애독. '목사님'이라는 별명을 얻는다. 이 무렵 골수염을 앓는다.

1952년	15세	4월	후쿠오카 현립수유칸고등학교에 입학. 친구인 이토 마사타카 등과 함께 문예부에 소속, 시 쓰기에 몰두한다.
1955년	18세	2월 24일	조부 도요타, 병으로 타계.
		3월	수유칸고등학교 졸업. 이 해에 성적우수자에게 수여되는 수유칸상을 수상.
		4월	도쿄대학 교양학부 문과1류에 입학. 상경하여 세타가야구 다이타에서 하숙, 소설가를 꿈꾼다. 그 이듬해부터 도쿄대학 학생신문은 오월제를 기념하여 소설을 공모하는데 야마노우치는 매년 응모를 되풀이하지만 낙선.
1959년	22세	3월	도쿄대학 법학부(제2류 공법 코스) 졸업.
		4월 1일	후생성 입성(상급공무원시험 차석. 99명 중 2등). 의무국 총무과에 배속된다.
1961년	24세	12월	사회국 갱생과로 이동(신체장애인의 보호 갱생에 종사한다).
1963년	26세	8월	사회국 보호과로 이동(생활보호 행정에 종사한다).
1966년	29세	8월	환경위생국 환경위생과로 이동. 공해과 과장보좌를 겸임, 공해과장 하시모토 미치오 등과 함께 공해대책기본법 제정에 주력한다.
		12월 28일	후생성의 상사 니야 데쓰로의 소개로 다카하시 도모코와 맞선.
1967년	30세	6월	공해부 공해과에 소속(겸임). 이 무렵 격무로 골수염 재발.
		8월 3일	공해대책기본법 공포, 시행.

1968년	31세	3월 10일	도모코의 친정이 있는 누마즈에서 결혼식을 올린다(도모코 26세).
		5월 1일	사이타마현의 민생부 복지과장으로 파견. 우라와시(현 사이타마시) 벳쇼누마의 관사로 이사. 노인 복지, 장애인 복지에 적극적으로 임한다.
1969년	32세	6월 19일	장녀 지카코 태어남.
1970년	33세	10월 1일	동화대책실 신설, 실장에 야마노우치가 취임(겸임).
1971년	34세	5월 1일	후생성으로 돌아옴. 연금국 연금과에 과장보좌로서 배속. 세타가야구 가미요가의 공무원 주택으로 이사.
		7월 1일	환경청 발족.
1972년	35세	4월 27일	차녀 미카코 태어남.
1973년	36세	7월 27일	후생성 장관(사이토 구니키치) 비서관 서리에 취임. 이 해에 장관에게 진정하러 온 간질협회의 마쓰토모 료와 만남, 개인적으로 간질 환자 구제에 진력.
1974년	37세	6월 11일	연금국 자금과장에 취임.
1975년	38세	5월 6일	아동가정국 장애복지과장에 취임.
1977년	40세	8월 23일	사회국 시설과장에 취임.
1979년	42세	1월 23일	사회국 보호과장에 취임. 다시 생활보호 행정에 종사한다.
		7월 6일	환경위생국 기획과장에 취임.
		9월	복지 행정에 대한 고찰을 모은 『내일의 사회복지 시설을 생각하기 위한 20장』을 출판(中央法規出版).

1980년	43세	10월	복지신문에 앨리스 요한슨이라는 이름으로 「복지 나라의 앨리스」를 연재하기 시작. 연재는 호평을 얻어 만 2년 동안 이어졌다.
1981년	44세	8월 26일	의무국 총무과장에 취임.
1982년	45세	8월 27일	대신관방 인사과장에 취임.
1985년	48세	7월	『복지 업무를 생각한다』 출판(中央法規出版).
		9월	장관 관방심의관에 취임(연금 담당).
1986년	49세	9월 5일	후생성에서 환경청으로 파견, 장관 관방장에 취임(장관은 이나무라 도시유키).
1987년	50세	3월 29일	마치다시 야쿠시다이로 이사.
		9월 25일	자연보호국장에 취임. 오키나와현 이시가키섬 시라호의 신공항 건설 문제, 나가라강 하구언 건설 문제에 주력한다.
1990년	53세	2월	기타가와 이시마쓰, 환경청 장관에 취임.
		7월 10일	기획조정국장에 취임. 지구환경 문제에 주력한다.
		8월 27일	기후변화에 관한 정부 간 협의체 제4회 전체 회의에 수석대표로 참가(~30일, 스웨덴).
		9월 28일	미나마타병 도쿄 소송에 대해 도쿄 지방법원에서 화해 권고.
		11월 30일	기타가와 장관의 미나모토 시찰 결정(12월 5일, 6일).
		12월 5일	급서. 향년 53세.
			12월 5일자로 정4위 훈3등 욱일중수장 수여.

야마노우치 도모코 씨, 이토 마사타카 씨의
도움을 받아 작성한 것이다.

단행본 후기

1991년 1월 10일 오후 5시. 나는 텔레비전 다큐멘터리 프로그램의 취재를 위해 마치다역에서 버스를 타고 야쿠시다이로 향하고 있었다. 찾아가는 사람은 야마노우치 도모코 씨였다. 불과 한 달 전에 그녀는 자살이라는 충격적인 사건으로 남편을 잃었다.

11월에 취재를 시작한 프로그램은 당초 '생활보호의 현 상황과 문제점'을 그릴 예정이었다. 아라카와구를 중심으로 취재를 진행하며 슬슬 최종 구성에 이르려 하고 있었다. 그때 야마노우치 국장이 자살한 사건이 크게 보도되었다. 신문에 발표된 그의 경력 중에 생활보호 행정의 책임자인 '후생성 사회국 보호과장'이라는 직위를 발견한 것이 야마노우치라는 한 관료에게 관심을 갖게 된 계기다.

그녀에게 무엇을 물어보고 싶은가. 그녀는 텔레비전에 나와 남편에 대해 말할 필연성이 있을까. 흔들리는 버스 안에서 이런 생각을 하고 있었다. 다만 친구나 관계자를 취재해 야마노우치 도요노리라는 사람에 대한 흥미는 날이 갈수록 크게 부풀었다.

그는 어떻게 살아왔을까. 그리고 왜 죽었을까. 그것을 이해하는 실마리를 나는 도모코 씨에게서 찾으려고 했다.

그날 야마노우치의 영정이 놓인 제단 앞에서 도모코 씨는 「그러나」라는 제목의 시 한 편을 내게 보여주었다. 시로서의 평가가 어떻다는 것이 아니라 이 시에 그려진 한 인간의 순수함과 상실에 대한 불안에서 나는 죽음의 냄새를 맡았다. 그리고 죽음으로 이끌려간 그의 53년에 걸친 삶을 더듬어가고 싶은 생각이 강하게 들었다. 그것이 첫 번째 방문이었다.

프로그램은 당초 내용을 대폭 변경해서 그해 3월 12일에 〈그러나… 복지를 버리는 시대로〉라는 제목으로 방송되었다. 다큐멘터리를 만들 때 약자와 강자, 선과 악을 미리 분류해버리면 제작자로서는 편하다. 행정, 관료를 악으로 단정하고 선량한 시민 측에서 고발한다. 기업을 악으로 단정하고 소비자 측에 바짝 다가가 묘사한다. 이러한 '간편한 도식'에 사회를 끼워 넣음으로써 역으로 보이지 않게 되는 것이 있다. 야마노우치 도요노리는 내게 그것을 깨닫게 해주었다.

그가 「그러나」라는 시 한 편에 담은 뜻과 바람은 내 안에 있던 관료라는 개념을 완전히 뒤집어놓았다. 이런 사람이 고급 관료 중에도 존재했다는 놀라움과, 그렇기에 그는 죽지 않으면 안 되었던 것이라는 분노 비슷한 감정이 이 프로그램을 다 만든 뒤에 남았다.

방송이 끝나도 야마노우치라는 인간의 존재는 내 안에서 조금도 희미해지지 않았다. 프로그램이 10월 29일 재방송되었을 때 그것을 본 아케비쇼보あけび書房 대표 구보 노리유키久保則之 씨로부터 "야마노우치 이야기를 책으로 만들어보지 않겠나" 하는 연락을 받았다. 도모코 씨는 흔쾌히 수락해주었다. 이것이 이 책을 쓰게 된 경위다.

이 책은 야마노우치 도모코 씨와의 대화에 빚진 것이 많다. 그녀는 내게 남편에 대해 이야기함으로써 그녀 자신의 '애도 작업'을 진행하려는 것 같았다. 그녀의 말 너머로 어떤 때는 관청의 차가운 기구가 엿보이고 또 어떤 때는 한 부부의 모습이 떠올랐다. 마치다의 자택으로 여러 차례 찾아가며 나는 도모코 씨의 말에 귀를 기울이고 그 목소리를 원고지에 적어 나갔다.

그리고 한 권의 책이 완성되었다. 이렇게 나는 지금 후기를 쓰고 있다. 야마노우치 도요노리라는 한 인간과의 만 2년에 걸친 관계를 끝내고 나도 도모코 씨와 마찬가지로 일단 그에게 '안녕'이라는 인사를 할 수 있을 것 같은 기분이 조금은 들었다.

1992년 11월 3일
고레에다 히로카즈

본문에 나온 인물의 직함, 조직의 명칭 등은
1992년 12월 단행본 발행 당시의 내용이다.

문고판 후기

야마노우치 도요노리라는 한 관료를 취재하고 한 편의 다큐멘터리 프로그램을 만든 지도 어언 10년이 되었다. 〈그러나… 복지를 버리는 시대로〉라는 제목으로 심야에 조용히 방송된 그 프로그램은 내가 처음으로 직접 기획하고 취재부터 편집까지 혼자 한 것이다. 직접 만난 적이 없었는데도 그 후 경험한 어떤 취재보다 야마노우치 도요노리라는 사람은 내 안에 강하게, 깊이 남아 있다. 그렇다고 그 프로그램이 데뷔작이었다는 이유에서는 아니다. 아마도 그를 취재하면서 나 자신이 발견한 사항의 질, 좀 더 말하자면 그를 만남으로써 일어난 자기 변화의 깊이 때문이었다.

취재를 한다는 것은 대체 어떤 일일까? 야마노우치 씨에 대한 프로그램을 제작하던 당시 디렉터 경험이 거의 없었던 나는 솔직히 취재한다는 행위의 의의를 파악하기 힘들었다. 지금도 완전히 파악하지는 못했다. 일로서 완전히 받아들이지도 못하고 사회 정의나 사명감을 뒷배로 삼는 것에도 강한 위화감을 갖고 있던 나는 과연 카메라를 들이댈 권리가 있을까? 그들에게 카메라 앞에 몸을 드러낼 의무가 있는 걸까? 이런 자문자답 속에서 취재라는 행위 자체가 본질적으로 내포하는 폭력성이 두려워 부들부들 떨고 있었다.

그러나 야마노우치 씨를 취재하고 그가 남긴 시나 논문을 접하면서 나는 취재 대상인 그에게 일종의 강렬한 공감을 느꼈다. 아직 이십 대였던 내가 쉰세 살 엘리트 관료의 어디에 공감하고 공명했을까? 그 한 가지는 그가 마지못해 안고 있던 초조감이었다. 강박관념 같은 형태로 문장 여기저기에 표현된 적극적인 절실함에서 나는 죽음의 냄새를 맡았다. 지금 생각하면 그것은 착각이었는지도 모르지만 그때 내 안에서도 그와 같은 냄새가 나는 초조함을 확실히 느끼고 있었다. 그것은 처음으로 겪는 경험이었다. 펜을 쥐고 야마노우치 도요노리라는 사람을, 그리고 한 부부의 궤적을 논픽션이라는 형태의 문장으로 쓰기 시작했을 때 그 우연의 일치를 자각하면서 이건 나밖에 쓸 수 없는 대상이라고 확신했다.

13장으로 완성한 이 책에는 이십 대의 내가 그때 느꼈던 분노나 그 밖의 여러 가지 감정이 적극적으로 새겨져 있다. 그것은 야마노우치 씨의 육체와 정신을 빌린 나의 자기표현이었다고 할 수 있다. 그때 나는 취재란 취재 대상을 거울로 삼고 거기에 비치는 자신의 모습을 기술해가는 행위라는 사실을 깨달았다. 그것은 노린다고 할 수 있는 일이 아니고 언제든지 할 수 있는 일도 아니다. 정신을 차리고 보면 내 안에서 또 하나의 심장이 조용히 소리를 새기고 있는 그런 것이다. 그것은 우연에 좌우되는 만남이기는 하지만 결과적으로 일어난 공명은 항상 필연이라고 해도 좋다.

취재 대상과 그런 관계를 맺는 것이야말로 작품으로서의 힘을 갖는 것이라는 사실도 그때 알았다. 이것이 그를 취재하면서 얻은 첫 번째 발견이다. 취재란 자기를 발견해가기 위한 방법이라는 **깨달음**이 그 후 나를 다큐멘터리라는 장르로 끌어가는 커다란 요인이 되었다.

두 번째 발견은 그가 생전에 남긴 복지에 대한 수많은 논문 가운데 있었다. 그는 복지 현장을 지배하는 정신주의에 거듭 경종을 울렸다. 복지 현장에서 일하는 케이스워커들에게 '고결한 인격'과 '사려 깊음'이라는 도덕상의 의무를 요구하는 것이 오히려 직업에서의 기술 경시로 이어지는 게 아닌가. 케이스워커 자신의 인생관이나 가치관을 독선적으로 강요하는 자세는 결과적으로 대상자의 자조자립을 방해하는 것이 아닐까.

내부고발이라고도 할 수 있는 그의 이 말은 무겁게 울렸다. 이는 복지 현장에만 한정되는 말이 아니라 의료, 교육, 경찰이라는 이른바 **성직**이라 불려온 직업에서도 똑같이 적용되는 지적일 것이다. 그런 점을 기술이 아니라 정신주의나 사람의 선함에 기대온 결과, 그 신화가 붕괴된 후 모든 것이 잘 되지 않게 되었다는 게 지금 일본사회의 상황이다. 그 점에서 야마노우치 씨의 지적은 굉장히 선견지명이 있는 것이었다.

내가 관계하고 있는 영상미디어를 돌이켜 생각해봐도 바로 똑같은 말을 할 수 있다는 걸 알 수 있다. 미디어는 '사회정의'라는 추상적인 개념과 객관성이라는 이름의 무책임하고 이름이 드러나지 않는 언어의 그림자에 몸을 숨긴 채 자신은 제삼자적 안전지대에서 사회나 시대를 비판한다. 당사자 의식이 없는 그 말투가 정말 미디어가 해야 할 역할인 걸까? 그 '정의'가 보는 이 자신의 사고를 오히려 방해하는 게 아닐까?

전하는 측이 자신의 가치관을 검증하는 일 없이 강요하려는 태도로는 받는 측과의 사이에서 건전한 커뮤니케이션을 해 나가지 못한다. 설령 그 사람이 전하려는 것이 평화나 민주주의였다고 해도 거기에 자신을 반영한 형태의 흔들림이 존재하지 않는다면 그것은 신앙에 지나지 않는다. 거기서 나오는 것은 프로파간다로서의 영상이고, 그 주고받음에서는 결코 발견이 나오지 않는다.

어떻게 하면 곰팡이가 핀 정신주의에서 탈각하고 기술로 뒷받침된 대상과의 건전한 관계를 실현할 수 있을까? 그의 저작 중에는 그 과제를 생각하는 힌트가 아주 많다. 그것을 미디어라는 직장에서 고민하는 것이 직업인으로서 나 자신의 긴급한 과제다.

프로그램을 완성하고 책을 다 쓴 후에도 계속 생각했던 것은, 야마노우치 도요노리라는 사람은 가해자였을까, 피해자였을까 하는 한 가지 물음이었다. 복지에서의 이상주의가 경제 우선의 현실주의에 압도되어가는 그 하강선의 시대를 야마노우치는 필사적으로 살고자 했다고 생각한다. 고급 관료로서 그 하강에 입회했다는 책임에서 그 역시 가해자 측 사람이었다고 할 수밖에 없고, 또 동시에 시대의 피해자였다고도 할 수 있을 것 같다. 그는 그 두 벡터로 분열되며 아이덴티티의 이중성을 살았을 것이다. 적어도 그는 자신의 가해자성을 고통과 함께 날카롭게 인식했을 것이다.

그가 낸 결론에서도 이를 추측할 수 있다. 그러나 이것은 그에게 한정된 것이 아니다. 지금 시대에 일본이라는 나라에서 살아간다는 것은 좋든 싫든 간에 그 이중성을 짊어지지 않을 수 없다는 것을 의미한다. 나는 그렇게 생각한다. 다만 사람들 대부분 이 내적 가해자성과 대면하는 것이 괴로워 눈을 돌리고 있을 뿐이다.

이중성을 살고 있다는 그 자각이야말로, 그리고 그것에 정색할 것이 아니라 거기서 출발할 각오가 우리에게 요구되는 것일 거라고 지금 나는 생각한다. 그것을 취재 이후 10년이 지난 최근에야 겨우 깨닫게 되었다. 아마 내가 지금도 야마노우치 씨에게 끌리는 이유는 첫 번째 발견으로서 "나와 닮았다"고 한 감상적인 생각 때문이 아니라 이 "이중성을 산다"는 현대인의 모습을 아주 가까이서, 매우 구체적으로 그가 체현했기 때문이다. 그 인식에 다다름으로써 나는 야마노우치 도요노리라는 존재에 대한 관심이 전보다 더욱 깊어졌다.

그리고 그 고통스러운 자기 인식에서 눈을 돌리지 않고 그 이중성과 마주하는 태도를 익히지 않으면 안 된다. 우리는 그 삶을, 어떤 각오를 가지고 살지 않으면 안 된다. 그것이 야마노우치 씨의 인생에서 유일한 안티테제로서 발견한 답이다.

이 책의 독자 여러분이 나와 마찬가지로 야마노우치 도요노리라는 사람의 삶과 죽음을 접함으로써 자신과 자기 직업의 관계에 대해, 그 자리에서의 기술 연마 방식에 대해, 그리고 이 시대와 마주하는 방식에 대해 사고를 심화시키는 계기를 마련하게 되기를 바란다. 나 자신은 그의 인생을 거듭 더

들어감으로써 다양한 발견을 하고 사고를 심화시키고 있다. 내 안에서 야마노우치 도요노리에 대한 취재는 형태를 달리하며 지금도 계속되고 있다.

2001년 5월 1일
고레에다 히로카즈

구름은 대답하지 않았다

초판 발행	2022년 12월 19일
2쇄 발행	2023년 1월 27일
지은이	고레에다 히로카즈
옮긴이	송태욱
펴낸곳	체크포인트 찰리
펴낸이	김소원
디자인	김승은
인쇄	인타임
전자우편	checkpocharlie@gmail.com

잘못된 책은 구입한 곳에서 교환해드립니다.

ISBN 979-11-980453-0-0 (03830)